MANFRED DIMDE

Paranormal
Aus der Welt des Unmöglichen

Kommunikation mit anderen Dimensionen

Originalausgabe

WILHELM HEYNE VERLAG
MÜNCHEN

Heyne Sachbuch
19/638

Redaktion: Redaktionsbüro Dr. Andreas Gößling, München

Copyright © 1998
by Wilhelm Heyne Verlag GmbH & Co. KG, München
http://www.heyne.de
Printed in Germany 1999
Umschlaggestaltung: Atelier Bachmann & Seidel, Reischach
Umschlagillustration: Imagine/Horizon, Hamburg
Innenbilder: S. 69 und S. 179 Designstudio Fleischer, München;
alle anderen Abbildungen stammen aus dem Archiv des Autors
Technische Betreuung: Sibylle Hartl
Satz: ew print & medien service gmbh, Würzburg
Druck und Verarbeitung: Ebner Ulm

ISBN 3-453-14861-4

Inhalt

Einführung 9
  Die Grenze zum Paranormalen 10
  Vom Recht, zwei Leben zugleich zu leben 12
  Wechsler zwischen den Welten 14
  Keine Antwort ohne ausdrückliche Frage 17

I Jenseits der Sinneswahrnehmungen 19
  Was sind PSI-Kräfte? 20
  Risiken und Gefahren 23
  Blindsein – sehen mit anderer Logik 30
    Übersinnliche Sehkraft der Wale? 32
    Ferngesteuerte Delphine 33
    Farbverschiebungen im übersinnlichen Bereich 34
  Hörbehinderung und PSI 36

II Alltag der PSI-Akteure 37
  Personenschutz 48
  Archäologie 54
  Ausflüge in die Vergangenheit 61
  Der Turbinenbau zu Babel 66
  Fehlersuche in der Forschung 71
    Das PSI-Protokoll 73
    Aus dem Protokoll der gemeinsamen Arbeit
    von A und B 75
    Ergebnis der PSI-Arbeit 76
  Personensuche 76
  Aufklärung von Wirtschaftskriminalität 88
  Auf diplomatischem Parkett 99
  Militärische Einsätze 100

Area 51 101
Spionage 108
PSI-Agenten auf Kongressen 113
Ein Blick in die Zukunft 114

III Jenseits von Einstein 117

PSI-Akteure erforschen das Weltall 119
Ein weiterer Versuch, das Weltall zu erforschen 128
Auf der Reise durch ein Schwarzes Loch? 131
Techniken der Kommunikation mit
außermenschlicher Intelligenz 132
PSI-Aktionen auf technologischem Terrain 136
Physiologische Manipulation durch PSI 138
PSI und die Homöopathie der Zukunft 139
Segeltour mit übersinnlichem Lotsen 141

IV Der große PSI-Selbsttest 153

Zur Vorbereitung der Selbsttests 153
Maßnahmen bei Testproblemen 154
Hilfsmittel und Hilfspersonen 156
Justieren der Körperreaktionen 157
Erster Selbsttest: Identifizierung von Farben 158
Der zweite Selbsttest: Zahlen identifizieren 161
Dritter Selbsttest: geistiges Hören 162
Vierter Selbsttest: geistiges Riechen 163
Intermezzo 164
Fünfter Selbsttest: die Sprache der Natur 165
Testvarianten 166
Einige Grundregeln für PSI-Akteure 167
Tips für PSI-Akteure 168

**V Bunte Splitter aus der Welt
des Übersinnlichen** 171

Übersinnliche Manipulation durch Massenmedien? 171
Geheimpläne der Supermächte 172
Intergalaktische Gefahren 178
Geister in England 180

Register 185

Einführung

Dieses Buch ist ein Ausflug in eine Welt, in der alles *möglich* (wenn auch für uns in Raum und Zeit lebende Wesen nicht alles *wirklich*) ist. Unsere »Normalität« – also unser Leben im Raum und unser Zeitgefühl, das wir für dieses Leben entwickelt haben – nimmt uns derart in Anspruch, daß wir verwirrt reagieren, wenn wir mit der Möglichkeit konfrontiert werden, im Raum gleichzeitig an mehreren Orten zu sein. Genauso überrumpelt wären die meisten von uns, wenn sie feststellten, daß wir mit unserem Bewußtsein der Zeit vorauseilen oder zurück in eine längst vergangene Zeit gelangen können.

Zu unserem komplizierten psychischen Gefüge gehört ein natürlicher Schutzmechanismus, der uns sagt, was für uns normal ist und was nicht. Das ist gut so, denn zuerst müssen wir für die Sicherung unserer körperlichen Existenz sorgen und unser Überleben auf dieser Erde sichern, bevor wir uns anderen Dingen zuwenden können, die uns keine körperliche Sicherheit zu vermitteln vermögen.

Haben Sie also Ihre körperliche Existenz durch Beruf und Einkommen gesichert, dann lesen Sie bitte weiter. Anderenfalls empfehle ich, sich zunächst um das zum physischen Leben Notwendige zu kümmern – erst auf dieser Basis sollte man die Fähigkeiten erwerben, sich in einer nichtkörperlichen Welt zurechtzufinden.

Alles was »normal« ist, gewährleistet, daß wir uns nach Gesetzmäßigkeiten verhalten können, die unsere körperliche Existenz garantieren – das ist der Hintersinn des in uns alle eingebauten Schutzprogramms. Was uns außerhalb dieser »Norm« begegnet, stufen wir als unsere körperliche Existenz gefährdend ein. Die natürliche Reaktion ist also die instinktive Ablehnung alles Paranormalen.

Doch in der Vergangenheit wie auch heute setzten und setzen die Mächtigen Menschen mit paranormalen Fähigkeiten ein, von denen sie sich Entscheidungs- und Denkhilfen erhoffen. Das geschieht unter Ausschluß der Öffentlichkeit. In den Zirkeln der Macht steht man PSI-Befähigten durchaus nicht ablehnend gegenüber, jedoch befürchtet man negative Außenwirkungen. Immerhin haben die Mächtigen bis heute weithin verhindern können, daß sich denkende Menschen auf diese ihre Fähigkeiten besinnen – und sich ihrer womöglich gar bedienen.

Die Grenze zum Paranormalen

Lesern, die selbst testen wollen, wie stark ihre paranormalen Talente bereits ausgeprägt sind – auch wenn sie von diesen Fähigkeiten bisher vielleicht gar nichts wußten –, biete ich in diesem Buch einige Selbsttests an. Kein Grund, eine Gänsehaut oder gar Alpträume zu bekommen. Es war Ihr eigener Entschluß, dieses Buch zu kaufen, jedenfalls fühlten Sie sich im Augenblick dieser Entscheidung völlig frei. Also werden Sie es lesen, wenn Ihnen dies bestimmt ist.

Worin unterscheidet sich der Kauf dieses Buchs vom Erwerb anderer Dinge des täglichen Lebens? War der Kauf dieses Buches ein »normaler« oder ein paranormaler Akt?

Auf jeden Fall bewegt er sich nahe der hauchdünnen Grenze – aber auf welcher Seite, der normalen oder der paranormalen?

Haben Sie schon einmal über die Möglichkeit nachgedacht, daß Sie die Entscheidung, dieses Buch zu kaufen, bereits in der Zukunft getroffen und in Ihrer jetzigen Gegenwart nur noch in die Tat umgesetzt haben könnten?

Keine Angst, ich habe nicht die Absicht, Sie in eine neue Form der Lebensunsicherheit zu stürzen. Das vermeintliche Rätsel löst sich vielmehr gänzlich auf, wenn es uns gelingt, das Phänomen Zeit einmal in der dritten und einmal in der vierten Dimension zu sehen. Das allerdings ist so schwierig, erfordert ein so konsequentes Denken gegen unsere Natur und Normalität, daß dieses Problem der Zeit und Dimensionen manche Menschen fast in den Wahnsinn treibt.

So wie die NASA-Spezialisten in den Jahren vor 1969 den sicheren Hin- und Rückweg der Mondfahrer geplant, vorbereitet und schließlich durchgeführt haben, muß man auch bei der Eroberung der geistigen Welt vorgehen – nur beherzigt leider kaum jemand diese Notwendigkeit. Ob geistige Führer und Meister des Westens oder Ostens, kaum jemand auf unserer Welt und in unserer Zeit – oder in den vergangenen Zeiten – geht an die Eroberung der geistigen Welt und der Kräfte, mit denen man sie zu durchstreifen vermag, mit System und Sorgfalt heran. Daher mangelt es den Nachkommen an Karten, Wegplänen und Wegmarkierungen, wie sie die Eroberer zu Wasser, zu Land und in der Luft hinterlassen haben und im Raum künftig anbringen werden.

Statt dessen wird heute in esoterischen Kreisen meist nur im Unkonkreten geschwelgt. Gefühlsduselei ist angesagt, und die Proteste der mehr oder weniger demütigen Lehrlinge und Gesellen verhallen ungehört. Ob im

Westen oder im Osten, überall herrscht Chaos bei der Eroberung des geistigen Universums. Doch niemand wagt die Verirrungen im Westen und das totale Versagen – dem Ganzen gegenüber – der geistigen Führer in Indien anzuprangern.

Vom Recht, zwei Leben zugleich zu leben

Erlauben Sie mir in diesem Zusammenhang eine kleine Reminiszenz: Ich war gerade 17 Jahre alt und voller Enthusiasmus für den Buddhismus, als ich einer Persönlichkeit begegnen durfte, die mein jugendliches Bemühen wohlwollend begleitete, um mir eines Tages folgendes zu sagen: »Bald ist die Zeit der alten Männer mit weißen Bärten vorbei, die in Gefühlsduselei baden, Lehren verkünden und jungen Menschen Wege weisen, die man eigentlich erst im Alter gehen kann und sollte.«

Inzwischen sind vier Jahrzehnte vergangen, und ich erkenne, daß mich diese Worte stärker beeinflußt haben als alle Lehren, die mir in dieser Zeit begegnet sind. Mein Resümee: Tatsächlich muß ein jeder von uns zwei Leben zugleich leben.

Einerseits muß man ein praktisches Leben führen, das man den Gesetzen und Sitten der Epoche, in der man geboren wurde, entsprechend führt. Das betrifft vor allem die Pflichten gegenüber dem Leben, die man mit dieser Geburt eingegangen ist, etwa zu wachsen und Fähigkeiten zu erwerben, um selbständig leben zu können und anderen die Möglichkeit der Geburt und Hilfen beim eigenen Wachstum zu geben.

Auf der anderen Seite das geistige Leben: Nachdem wir unsere Pflichten im praktischen Leben erfüllt haben, sollten wir auch unsere Rechte beanspruchen und die Fähigkeiten erwerben, um ein geistiges Leben kennenzulernen und dann zu praktizieren.

Diese beiden Leben sind strikt voneinander zu trennen! Jedoch, und darin scheint der seit Jahrtausenden bestehende Irrtum zu gründen, verweigern alle geistigen Lehrer ihren Anhängern bewußt das Recht, zwei Leben gleichzeitig zu leben.

Sicherlich wird diese Sichtweise bei den demütigen Insassen von Klöstern und anderen Gemeinschaften zur Ausbeutung der menschlichen Arbeitskraft auf wenig Gegenliebe stoßen. In diesen Einrichtungen – ob christlich, buddhistisch oder wie auch immer orientiert – fordert man die Erfüllung von Pflichten des praktischen Lebens, verwehrt aber am offensichtlichsten das Recht auf Eroberung der Schöpfung durch die Freiheit des Geistes. Den Insassen wird zwar beides versprochen, doch tatsächlich beabsichtigen die Organisatoren niemals, dem einzelnen neben den auferlegten Pflichten auch das Recht der Freiheit des Geistes zu geben. Der Grund hierfür ist leicht zu finden. Diese Einrichtungen könnten nicht funktionieren und allenfalls wenige Jahrzehnte bestehen, wenn jedem einzelnen in solchen Gemeinschaften das Recht auf geistige Freiheit zugestanden würde.

Doch in heutiger Zeit erscheint es nicht »normal«, zwei strikt voneinander getrennte Leben zu leben. Wer so etwas praktiziert, gerät leicht in Verdacht, »etwas daneben« oder eben paranormal zu sein. Aber es ist durchaus machbar und kann recht spannend sein. In der Übergangszeit zu Beginn des dritten Jahrtausends unserer Zeitzählung scheint es mir sogar der einzige gangbare Weg zu sein, um den Teufelskreis endlich zu durchbrechen: Wie sonst könnten wir beginnen, die geistige Freiheit für uns zu erobern, ohne Pflichten zu vernachlässigen?

Wechsler zwischen den Welten

Dieses Buch handelt von Ihrem zweiten möglichen Leben und zeigt Ihnen auf, wo Sie die wahren Abenteuer unserer Zeit finden können und worin diese bestehen. Hierfür muß ich hin und wieder vereinfachte Hintergrundinformationen einschalten, um verständlich zu machen, was bei diesen Abenteuern wirklich geschieht. Hierzu ein Beispiel:

Kraft seiner schieren Existenz vermag jeder von uns über zwei Welten oder Daseinsformen nachzudenken und zu sprechen. Aus Erfahrung wissen wir, daß es ein Leben und ein Nichtleben im menschlichen Körper gibt. Das Nicht-mehr-leben bezeichnen wir als Tod des Körpers und den Körper selbst als Toten oder Leiche.

Um uns zu trösten und die Angst vor dem Augenblick des Todes zu nehmen, bezeichnen wir die beiden Welten als Diesseits und Jenseits. Räumlich gesehen läßt sich aber das Diesseits vom Jenseits nicht abgrenzen. Beide »-seits« oder »Seiten« existieren vielmehr gleichzeitig im selben Raum (oder Traum), nur einmal mit körperlichem und einmal mit geistigem Schwerpunkt.

Einige Unterschiede zwischen den beiden »Seiten« und ihren jeweiligen Schwerpunkten sind unverkennbar: *Körperlich* können wir alles anfassen, aber nur beschränkt sehen und fühlen (letztere Behauptung mag viele Leserinnen und Leser überraschen). *Geistig* können wir nichts anfassen, aber alles fühlen und sehen.

Zur Zeit befinden sich alle, die dieses Buch in einer Hand halten können, im Schwerpunktzustand »körperlich«. Sie haben folglich die *Pflicht*, einen Körper zu »betreiben«, und das *Recht*, sich gleichwohl in der geistigen Welt frei und bewußt zu bewegen. (Ob sie gelernt haben, dieses zu tun, ist eine andere Frage.)

Eines Tages gelangen dieselben Leser wieder in den Schwerpunktzustand »geistig«. Nun haben sie die *Pflicht*, sich in der geistigen Welt bewußt zu bewegen, und das *Recht*, einen Körper anzustreben, d. h. die Voraussetzung zu schaffen, um wieder einen Körper »betreiben« zu können.

In dieser Vorbereitungsphase legen alle für sich die Eckdaten des künftigen Körpers fest, müssen aber viele Kompromisse eingehen und entscheiden schließlich, ob sie diesen Körper haben oder einem anderen »Geistigen« überlassen wollen, um weiter in der Ungewißheit zu sein, wann sie wieder einen Körper betreiben können. Viele Leser dieses Buches werden es kaum verstehen, aber die Sucht, wieder einen Körper zu bekommen, ist in der nichtkörperlichen Daseinsform tatsächlich sehr ausgeprägt.

Erfahrenere Wechsler zwischen den beiden Daseinsformen versuchen für die Zeit ihres Seins in einem Körper einige Fenster zu öffnen, um sich gleichzeitig in der nichtkörperlichen Sphäre bewegen zu können – um diese Talente geht es im vorliegenden Buch. Zur Vorbereitung gehört aber auch, daß man festzulegen versucht, für welche Informationen man während der körperlichen Gebundenheit offen sein wird.

Kommen wir zurück zu meiner oben gestellten Frage: Könnte es sein, daß Sie in der Zukunft bereits beschlossen haben, dieses Buch zu kaufen, und diesen Entschluß nun in Ihrer persönlichen Gegenwart lediglich noch ausführen? Um diese Frage im Einzelfall zu klären, müßte man aus einem »Speicher des Geistes« das in Ihnen abgelaufene Verhaltensmuster abrufen, das zur Kaufentscheidung für dieses Buch geführt hat. Dann würde sich zeigen, daß Sie möglicherweise in freier Entscheidung Ihres Geistes diesen Entschluß schon vorher gefaßt hatten, da Sie der Meinung waren, daß es nützlich für Sie wäre, in diesem Buch zu lesen und sich inspirieren zu lassen.

Vielleicht haben Sie sich schon einmal mit dem Phänomen der Palmblatt-Bibliotheken befaßt und sich gefragt, wie so etwas möglich ist. Hierbei handelt es sich um Vorhersagen, die vor Jahrhunderten oder Jahrtausenden niedergeschrieben worden sind und auch die Beschreibung derjenigen beinhalten, die eines Tages dieses Archiv aufsuchen werden. Nach Lektüre dieses Buches werden Sie sich nicht mehr fragen müssen, wie Palmblatt-Bibliotheken »funktionieren«: Die Betreffenden haben in der »geistigen Daseinsform« ihre Entscheidung, das betreffende Archiv aufzusuchen, selbst hinterlegt. Alle, die an diesen Ort kommen, haben in der Zeitlosigkeit entschieden, daß sie im Zustand der Körperlichkeit dorthin gehen werden. Diese Absichtserklärung wird sodann in der körperlichen Welt durch einen PSI-Befähigten dokumentiert. Kraft seiner Fähigkeit vermochte dieses Medium in der körperlichen Welt eine Liste derjenigen zu veröffentlichen, die sich in der geistigen Welt entschieden hatten, das Archiv zu besuchen.

Das also ist das Geheimnis der Palmblatt-Bibliotheken – und es ist zugleich das Geheimnis Ihrer Kaufentscheidung für dieses Buch. Im Grunde könnte ich als Autor mit Hilfe meiner befähigten Freunde und PSI-Akteure jeden einzelnen Käufer und sogar jeden einzelnen Leser dieses Buchs »vor Augen holen«, wie wir im Fachjargon sagen. Wohlgemerkt: Niemand könnte Sie »zwingen«, dieses Buch zu kaufen, wenn Sie es nicht kaufen wollten. Man kann nur diejenigen »ins Bild holen«, welche die Absicht hinterlegt haben, das Buch tatsächlich zu kaufen!

Hier gilt es allerdings einem weiteren Mißverständnis vorzubeugen: Das soll nicht bedeuten, daß Sie jede einzelne (Kauf-)Entscheidung vor Eintritt in Ihren derzeitigen Körper festgelegt hätten. Solche Vorentscheidungen betreffen nur die Eckereignisse, die Ihren Lebensverlauf beeinflussen.

Keine Antwort ohne ausdrückliche Frage

Damit sind wir inmitten der Welt des Unmöglichen – das in einer anderen Daseinsform eben doch möglich ist. Wie real diese paranormale Welt für alle PSI-Befähigten ist, erfuhr ich schon früh und nachdrücklich in meinem Leben. Lassen Sie mich zum Abschluß dieser Einführung auch diese kleine Episode noch erzählen, über die damals alle Anwesenden lachten, während ich einen roten Kopf bekam.

Es war in Lausanne in der Schweiz, an einem schönen Sommerabend. Ich war eben zwanzig Jahre alt und verbrachte meine Ferien am Genfer See. Eine mit mir befreundete Persönlichkeit hatte mich zu einer Abendgesellschaft mitgenommen. Erst später erfuhr ich, daß es sich um eine Versammlung der hochkarätigsten PSI-Befähigten Amerikas und Europas handelte, die zum inoffiziellen Erfahrungsaustausch und Fachsimpeln in der Schweiz zusammengetroffen waren.

Obwohl ich damals eher andere Interessen hatte, hörte ich der Diskussion fasziniert zu und verhielt mich wohl ziemlich auffällig: Ich sagte kein Wort, saß aber mit aufgerissenen Augen und weit offenem Mund da. Ein Teilnehmer, den ich später sehr oft als PSI-Akteur erlebt habe, wollte meine Anspannung lösen. Also wandte er sich mir zu und sagte lachend: »Du, Manfred, hinter dir steht ein künftiges Kind von dir, es umfaßt dich mit beiden Armen, tätschelt dich so« – er machte es uns vor – »und sagt: ›Du wirst mein Papa.‹«

Es folgte wohlwollendes schallendes Gelächter der An-wesenden, ich bekam einen roten Kopf, und der erste Ge-danke, der mir durch den Kopf schoß, war: ›O Gott – hab' ich nicht aufgepaßt?‹

Währenddessen fragte einer der Anwesenden lako-nisch: »Junge oder Mädchen?« Ich selbst war noch viel zu verwirrt, um an so etwas zu denken.

Nun aber folgte etwas, das für verantwortungsvoll agierende PSI-Befähigte typisch ist: Der Gefragte gab kei-ne Antwort. Warum nicht? Damit sind wir bei einer der Grundregeln dieser Kunst: Ohne ausdrückliche Frage des Betroffenen wird keine Antwort erteilt – auch dann nicht, wenn ein anderer anstelle des Betroffenen fragt!

Übrigens dauerte es noch ganze zehn Jahre, bis jenes Kind – ein Sohn – geboren wurde. Bis kurz vor der Puber-tät hatte er die Angewohnheit, nicht wie andere Kinder seine Eltern kräftig zu umarmen, sondern ganz leicht und mit den Handflächen während der Umarmung zu tät-scheln – nicht anders, als der PSI-Befähigte es uns damals vorgemacht hatte.

Mit der Grundregel »Keine Botschaft ohne Frage« sind wir beim Ausgangspunkt dieser kleinen Einführung in die Welt der paranormalen Fähigkeiten angelangt: Wollen Sie Ihre geistige Freiheit nutzen, so müssen Sie ein Doppelle-ben führen. Denn Antworten auf die Sie selbst betreffen-den Fragen können Sie nur erlangen, wenn auch Sie selbst imstande sind, diese Fragen zu stellen – und zwar dort, wo man Ihnen Antwort geben kann, eben in der geistigen Welt.

Ich wünsche Ihnen spannende Gedankenausflüge.

Manfred Dimde
im Sommer 1998

I

Jenseits der Sinneswahrnehmungen

Das Kürzel PSI und der Begriff »paranormal« werden in diesem Buch synonym verwendet. Mancher Experte wird wegen dieser Gleichsetzung bedenklich die Stirn runzeln, aber ich halte es für sinnvoll, die gemeinten Fähigkeiten und Phänomene unter diesen drei Buchstaben zusammenzufassen. Im Lexikon wird die PSI-Funktion als eine von J. B. Rhine »angenommene unbewußte, leicht störbare Fähigkeit« erläutert, die »außersinnliche Wahrnehmung erklären soll«.

Viele Zeitgenossen glauben, daß solche Fähigkeiten der außersinnlichen Wahrnehmung selten vorkämen, nur bei ganz wenigen Menschen ausgeprägt seien und eher als krankhafte Abweichung eingestuft werden müßten. Tatsächlich aber sind diese Wahrnehmungen natürlichen Ursprungs, und jeder von uns verfügt über solche Möglichkeiten. Genau wie bei jedem anderen Sinnesorgan ist auch hier eine Erkrankung möglich, die sich als ausbleibende oder überschießende Reaktion äußern kann. Während man folglich krank werden kann, wenn diese Wahrnehmung zu dominierend wird, pflegt man den Verlust dieser Fähigkeit nicht zu empfinden; daher fühlt sich in solchen Fällen niemand krank, obwohl dieser Verlust insgesamt die Gesundheit beeinträchtigt.

Was sind PSI-Kräfte?

PSI-Kräfte sind Fähigkeiten, die noch sehr unzulänglich erforscht sind und ihre Wurzeln im Bereich des Unterbewußten haben. Seit gut fünf Jahrzehnten beschäftigen sich Wissenschaftler aus aller Welt mit diesem Phänomen. Seither sind etliche Theorien entwickelt und wieder verworfen worden. Keine von ihnen kann bisher allgemein akzeptiert werden, da die Instrumente einer »objektiveren« Beobachtung noch nicht zur Verfügung stehen. Erforderlich sind vielmehr Instrumente von bislang unerreichter Empfindlichkeit, die sich wie folgt umschreiben ließe:

Die Erde ist von einem magnetischen Feld umgeben. Wenn man in dieses Feld ein Atom gibt, verändert sich die Schwingung des Gesamtfeldes. Das besagte Instrument müßte

- den Eintritt dieses Atoms und
- die Fortpflanzung der Schwingung um die ganze Erde messen sowie
- das Atom identifizieren und jederzeit wiederfinden können.

Unmöglich, sagen heutige Fachleute. Warten wir ab, was uns das nächste Jahrtausend bringt.

Dagegen können wir heute schon ringförmige Wellen im Wasser messen, die sich nach allen Richtungen fortsetzen, wenn man ein Stück Holz oder einen Stein in einen spiegelglatten See wirft. Diese Bewegungsabläufe können wir sowohl optisch als auch durch Sensoren messen. Wenn wir nun, nachdem sich die Oberfläche des Wassers für unser Auge wieder beruhigt hat, ein weiteres Holzstück ins Wasser werfen,

- bewegt sich das erste Holzstück durch die Wellen des zweiten »mit«: Es trägt somit die Erfahrungen von zwei »Erregungen« der Wasseroberfläche;
- trägt das zweite Holzstück nur seine eigene Erfahrung der Erregung des Wassers;
- enthält der See die Information beider Holzstücke und überträgt mit den Wellen die Information auf das zweite Holzstück, so daß mittels des Mediums Wasser ein »Wissensgleichstand« zwischen beiden Hölzern hergestellt wird.

In solche Richtungen werden sich die Ansätze künftiger Erforschung des Universums durch unsere Wissenschaften bewegen.

Über die körperliche Realität hinaus sind die feinstofflichen Dimensionen zu berücksichtigen. Diese Informationen, die auf den Schwingungen des Wassers mitlaufen, dehnen sich auf das Magnetfeld der Erde und weiter bis in das gesamte Universum aus. Und nach der Quantenphysik und der Theorie von Zeit und Raum übertragen sich, so wird angenommen, solche Informationen auch in die Mehrdimensionalität, also quer durch die gesamte Schöpfung.

Eine andere Erklärung der PSI-Kräfte lautet wie folgt:

Neutrinos scheinen sich in Zeit und Raum zu bewegen; es soll sie in allen Größen geben, und ihre Erforschung steht noch am Anfang. Anscheinend bewegen sie sich von der Sonne kommend durch Raum und Zeit und durchdringen alles. Astronauten berichten, daß sie in der nahen Umlaufbahn der Erde ein Gefühl »allumfassender Liebe« empfänden. Wenn also diese Neutrinos alles durchdringen, so tragen sie bei ihrem Durchtritt auch alle aufgenommenen Informationen mit sich.

Ein PSI-Akteur erklärte mir hierzu: »Ich stelle mich auf die mich durchdringenden Neutrinos ein und übernehme dann diese Informationen aus Zeit und Raum.«

Eine weitere – menschlichere – Erklärung könnte übrigens lauten: Wenn Gott (oder woran auch immer ich glaube) mit mir eine enge Verbindung eingeht, kann ich mit Hilfe dieser Maske – nichts anderes ist eine Glaubensinstitution – Informationen über die Schöpfung bekommen. Mit meinen PSI-Fähigkeiten kann ich dieses allumfassende Wissen abfragen – sofern ich richtig frage.

Hier liegt auch das Problem aller Anfänger in der PSI-Welt: Wer eine »falsche« Frage stellt, erhält keine Antwort.

Wie aber verhalten sich jene, die eine solche »falsche« Frage abgeschickt haben und keine Antwort bekommen? Nun, die einen üben weiter, die anderen werden zu Scharlatanen, die vorgeben, Antworten zu empfangen, obwohl sie tatsächlich keine bekommen.

Der Umgang mit PSI-Kräften wird in asiatischen Ländern ganz anders gesehen und praktiziert als in den christlich geprägten Erdteilen. Jeder Kulturkreis hat sich für seine Methode entschieden, einen Schritt weiterzugehen, als es die feste, geformte, meßbare Welt ermöglicht. Als Bestandteil von Kult und Ritual wurde jenen, die in den betreffenden Kulturkreis hineingeboren wurden, »der« Weg vorgegeben, den sie von der sinnlichen zur übersinnlichen Welt zu gehen hatten.

Aber dieser Wege gibt es viele, und die Verordnung des einen erlaubten Weges hat auf die Dauer stets nur zu Verengung und Einschränkung geführt. Unsere Aufgabe muß es daher sein, die scheinbar unterschiedlichen Methoden ihrer Masken und Kostüme zu entkleiden, damit der gemeinsame Kern sichtbar und allen zugänglich wird.

Risiken und Gefahren

Wie auch unsere kleinen Tests auf den Seiten 153 ff. zeigen, wissen nur sehr wenige Menschen, daß sie über diese Kräfte verfügen und wie diese zu aktivieren oder zu nutzen sind. Doch bevor Sie sich selbst testen und sodann beschließen, diese Fähigkeit der Wahrnehmung in und für sich zu stärken, sollten Sie sich auch über Risiken und Nebenwirkungen im klaren sein.

Ein Vogel im Käfig mag von Freiheit träumen. Schenkt man ihm diese Freiheit, bedeutet das, daß er sich um sein Futter und seinen Zufluchtsort im Sommer wie im Winter selbst zu sorgen hat. Wenn er jedoch die Fähigkeit zur Selbstversorgung in seinem Paradies der absoluten Sicherheit verloren hat, wird er in der Freiheit vor Probleme gestellt, die er sich so nicht erträumt hatte. Für ihn wird die Freiheit zum Risiko. Ähnlich kann auch für unerfahrene Menschen die Freiheit der geistigen Wahrnehmung zum Risiko werden. Bevor Sie sich entschließen, die Freiheit des Geistes zu erobern, müssen Sie sich daher klar werden, ob Sie reif genug sind, diese Freiheit zumindest zu ertragen.

Mit welchen »Nebenwirkungen« muß sich ein PSI-Akteur ständig auseinandersetzen? Hierzu präsentiere ich Ihnen einen Katalog mit Problemen, auf die Sie in diesem Zusammenhang gefaßt sein müssen.

A *Ich kenne meine Zukunft und die Zukunft anderer Lebewesen und muß in dieser Zukunft leben, ohne daß ich sie verändern darf. Wie ertrage ich das?*

Die wenigsten von uns sind in der Lage, mit den heutigen Begriffen von Recht, Gerechtigkeit und Moral diese erste Hürde zu nehmen. Wir alle reagieren unwillkürlich: Wenn wir sehen, daß ein Unglück auf jemanden zukommt, wollen wir ihn warnen, etwas unternehmen, damit er nicht unglücklich wird. Das ist ganz natürlich. Jeder von uns reagiert so. Selbst Profis bereitet dieser Punkt Probleme.

In diesem Zusammenhang erinnere ich mich an einen vor einiger Zeit erlebten Vorgang. Aufgeregt rief mich der Sprecher einer Gruppe von PSI-Akteuren an, die vernetzt arbeiteten. »Was sollen wir tun«, fragte er, »wir sind auf das Gehirn und die Gedankenmuster eines Menschen gestoßen, der einen Banküberfall plant. Wir haben uns den Betreffenden dann ins Bild geholt, die Ereigniskette abgefahren und übereinstimmend gesehen, daß es einen Toten geben und der Täter gefaßt werden wird. Wir müssen ihn warnen, er ist noch sehr jung und wird sich für sein Leben unglücklich machen.«

Mein Rat seinerzeit lautete: »Unternehmt nichts.«

Doch mein Gesprächspartner ließ nicht locker. »Wir haben überlegt, ob wir die Polizei oder die Bank verständigen sollten.«

»Die lachen euch doch nur aus«, entgegnete ich, »und wenn es dann durch diese Vorwarnung einen Toten gibt, habt ihr selbst das Problem – zwar nicht vor dem hiesigen Gesetz, aber vor dem Gesetz des Schicksals, und das ist für euch persönlich wesentlich problematischer!«

Tags darauf rief mich mein Gesprächspartner erneut an und sagte mir, daß sie noch lange professionell an diesem Fall gearbeitet und sich auf folgendes Vorgehen geeinigt hätten: »Die PSI-Akteure haben versucht, mit dem Gehirn des potentiellen Täters in Kontakt zu kommen, und haben mit dem Unterbewußtsein dieses jungen Mannes diskutiert, ihn gewarnt und genau erklärt, was passieren wird, wenn er den Banküberfall ausführt. Die Gruppe ist sich sicher, daß diese Warnung bei ihm im Wachbewußtsein

ein schlechtes Gewissen, Bedenken erzeugt oder zumindest seine Hemmschwelle erhöht hat.«

»Warten wir ab, wie er sich entscheiden wird«, sagte ich. »Kommt es nicht zu diesem Banküberfall, werden wir ohnehin nie aus der Zeitung davon erfahren. Führt der arme Kerl die Sache aus, werden wir es sicher lesen; nur sprechen sollten wir darüber nicht. Ihr seid durch Zufall auf seine Gedankenspuren geraten, und mehr könnt ihr nicht tun.«

Ich hätte die Sache längst vergessen, wenn nicht vor einiger Zeit im Fernsehen über einen sehr ähnlichen – oder denselben? – Fall berichtet worden wäre. Ein junger Mann hatte mit seinen Kumpanen einen Überfall bis in alle Einzelheiten geplant, ihn dann aber nicht durchgeführt und sich zum Zeitpunkt des Überfalls von seinen Komplizen distanziert. Es gäbe noch weitere Details aus diesem Lehrbeispiel zu besprechen, die ich aber bewußt weggelassen habe, um die Identifizierung zu erschweren und keine Missionare auf den Plan zu rufen.

Das erste Risiko für PSI-Befähigte besteht also, kurz gesagt, darin, daß solche Menschen sich zu Weltverbesserern berufen fühlen und versucht sein können, jede Abweichung zu korrigieren oder zu verhindern. Woher aber sollte man die nötige Sicherheit nehmen, um zu entscheiden, ob unsere heute geltenden Vorstellungen von der Richtigkeit der Gesetze nicht morgen schon wieder überholt sind? Nach jahrzehntelanger Beobachtung weiß ich, daß alle, die sich zu solchen Rollen als Apostel und Gerechtigkeitsbotinnen berufen wähnen, früher oder später zerbrechen, da sie sich in einen Messianismus hineinsteigern.

B   Ich weiß Dinge aus der Vergangenheit, die Ursache für Ereignisse in der Zukunft sind, welche ich nicht verän-

*dern darf und kann. Werde ich damit umgehen kön-
nen, ohne psychisch Schaden zu nehmen?*

Dieses Problem der PSI-Befähigten wurde in den letzten
zehn Jahren auch mehr und mehr in Kino- und Fernsehfil-
men behandelt. Die Vorstellung, dem Zwang des Eltern-
hauses oder der Gesellschaft durch außergewöhnliche
Fähigkeiten zu entfliehen, zumal unter dem Deckmantel
der Scheinmoral eines gutherzigen, gesetzestreuen »Su-
perman«, der sich dem Gebot einer höheren Moral be-
dingungslos beugt, mag viele Tagträumer beflügeln. Doch
in der PSI-Dimension ist sie fatal. Ohne Rücksicht einzugreifen und seine augenblicklichen Ansichten von Recht,
Gerechtigkeit und Barmherzigkeit durchzusetzen, kann im
normalen, die Existenz sichernden Leben zuweilen erforderlich sein. In der geistigen Welt aber handelt es sich um
eine der gefährlichsten Suggestionen, der ein PSI-Akteur
auf keinen Fall erliegen darf.

Sollten Sie also die Fähigkeit erlangen, in die Zukunft
oder in die Vergangenheit aktiv einzugreifen (was theoretisch durchaus möglich ist), dann warne ich Sie hiermit
eindringlich: Tun Sie es nicht! Anderenfalls wäre es besser
für Sie, Sie wären nie geboren worden. Denn dem, der gegen dieses Gebot verstößt, wird Furchtbares geschehen.

Durch den Eingriff verändert man einen Ablauf, ohne
auf die Gesetzmäßigkeit der Schöpfung Rücksicht zu nehmen. Dadurch löst man blindlings eine Veränderung aus,
da einem der Gesamtüberblick über alle Ereignisse und
deren Konsequenzen notwendigerweise fehlt. Für dieses
Tun aber ist man voll verantwortlich!

Umgehend wird die so provozierte Veränderung als
Störung im Gesamtablauf erkannt und korrigiert. Denn die
Gesamtheit der Schöpfungsidee ist stärker, als jeder ein-
zelne es jemals sein könnte. Die Ursache der Störung –

man selbst – wird also bis zum Ende der laufenden Ereignisreihe neutralisiert. *Man wird geistig mit seinem individuellen Willen »eingefroren«.* Die Folge: Man kann für eine Weile nicht mehr zwischen körperlicher und geistiger Daseinsform wechseln. Ein sehr unangenehmer Zustand. Viele werden geistig krank davon und bekommen Wahnvorstellungen!

Beherzigen Sie also unbedingt und jederzeit das eherne Grundgesetz in der PSI-Welt: *Man darf nur dann aktiv handeln, wenn man den Gesamtüberblick hat, alle Konsequenzen seines Tuns erkennt und berücksichtigt und die volle Verantwortung für die Folgen dieses Eingriffs übernimmt.*

Die oben erwähnten Filme dagegen unterwerfen sich einer irdischen Ethik, die keine Rücksicht auf dieses eherne Gesetz nimmt. Wer solchen Suggestionen folgen möchte, sollte daher für sich die Eroberung der geistigen Dimension in diesem Leben besser zurückstellen.

C *Ich kann bzw. werde über Wissen verfügen, das mich in meiner jetzigen Existenz sehr erschreckt. Wie werde ich damit umgehen?*

Wollen Sie solches Wissen erlangen? Vorsicht vor dem Mut in der Theorie, die Praxis hat ein anderes Gesicht. Je ausgeprägter die Fähigkeiten, sich die geistige Welt in Freiheit zu erschließen, desto konsequenter muß man seine Sichtweise von den Dingen der Schöpfung abbauen.

Auch hierzu ein Beispiel: All das, was wir als »schön« empfinden, muß keineswegs allgemein in der Schöpfung gleichfalls als schön gelten. Ganz im Gegenteil, die arrogante Menschheit wird sich irgendwann einmal damit abfinden müssen, *daß sie es ist, vor der man sich in den überwiegenden Teilen des Universums ekelt.* Denn die irdische Intelligenz ist an sterbliche, hinfällige Körper gebunden, deren man sich alle siebzig bis hundert Umkreisungen des Energiepools namens Sonne zu entledigen hat. Vielleicht wird in anderen Teilen des Universums darüber gelacht, daß unsere Vorfahren uns mit dem Trost hier zurückgelassen haben, wir seien nach dem Ebenbild der Vollkommenheit erschaffen worden.

Doch ein Trost bleibt uns: Wir werden toleriert, weil die Schöpfung die absolute Toleranz gegenüber jeglicher Form vorschreibt.

Wie aber mögen jene anderen Lebensformen aussehen? Man kann sie sich so vorstellen, daß sie durch den Kontakt zu einem Medium – ob Festsubstanz, Flüssigkeit oder Gase – die zur Existenz benötigten Energien erhalten oder, noch einfacher, ihre Energie aus Schwingung aufbauen.

Ist es nicht endlich an der Zeit, Vorurteile abzubauen und sich auf den Schock der ersten Begegnung mit fremden Intelligenzträgern vorzubereiten?

D *Ich werde imstande sein, Kontakt mit Lebensformen aufzunehmen, die ich mit meinen Übersinnen sehen und hören kann, obwohl sie für den normalen Betrachter weder sichtbar noch hörbar sind. Bin ich stark genug, diese Belastung zu ertragen?*

Diese neue Fähigkeit wird Sie, wenn Sie darüber sprechen, in Konflikt mit Ihrer Umgebung bringen, die Sie zunehmend für verrückt erklären wird. Vielfach könnten Sie es sogar tatsächlich werden.

Hüten Sie sich vor übersteigertem Selbstwertgefühl und Besserwisserei. Seien Sie wachsam bei Anzeichen von Ungeduld und Konzentrationsstörungen. Diese Symptome sind nicht selten die Vorboten sozialer Probleme. Es drohen Verlust des Arbeitsplatzes und finanzielle Notlage – die eigene oder, wenn man verheiratet ist, die der ganzen Familie, wodurch man wiederum gegen universelle Gesetze verstößt.

Berufen Sie sich nicht auf eine vermeintliche Berufung. Und vergessen Sie nicht, daß Sie in der körperlichen Daseinsform Pflichten zu erfüllen haben. Wer nicht in der Lage ist, ein Doppelleben zu führen, also für seine existentielle Sicherheit und die seiner Familie zu sorgen, ist auch nicht berechtigt, die Freiheit des Geistes zu üben und zu erlangen!

Sollte das in Ihren Ohren allzu rabiat klingen, dann irren Sie sich: Die Praxis ist noch viel brutaler.

Damit fürs erste genug von den Risiken und Nebenwirkungen. Lesen Sie nun lieber von den PSI-Abenteuern anderer Akteure, bevor Sie sich möglicherweise entschließen, selbst aktiver Abenteurer zu werden.

Am Ende seines Lebens sagte mir ein damals fast 92-jähriger PSI-Akteur:

»Ich frage mich manchmal, ob es richtig war, wie ich gelebt habe. Darum frage einen jeden mit solchen Talenten, der dir begegnet, ob er wirklich bereit ist, sich mit einer ganz anderen Daseinswelt zu beschäftigen, deren Regeln und Informationen seelische Stärke erfordern, damit man das sogenannte ›Reale‹ und das sogenannte ›Irreale‹ in unserer Daseinswelt gleichzeitig ertragen und verstehen kann.

Die Zukunft braucht keine Märtyrer, die in Einsiedeleien, Klosterzellen oder psychiatrischen Anstalten leiden, sondern Geisteshelden, die aktiv in beiden Räumen agieren, um sie erforschen zu können. Alles wird eines Tages leichter sein, wenn die Gesetzmäßigkeiten eines solchen

Tuns allgemein anerkannt sind, aber noch ist es nicht soweit.«

Diese dramatischen Worte sind durchaus gerechtfertigt. Denn um die den meisten unbekannte geistige Welt ohne Schaden wieder verlassen zu können, benötigt man heute noch gute Freunde, eine verständnisvolle Familie oder einen hervorragenden Lehrer.

Blindsein – sehen mit anderer Logik

Zum besseren Verständnis sei hier noch ein weiterer wichtiger Aspekt angeführt. Wie steht es um die PSI-Fähigkeiten bei Blinden und Hörgeschädigten? Auch mir sind hierzu keine systematischen Untersuchungen bekannt. Prinzipiell muß jedoch angenommen werden, daß Menschen, die von äußeren Sinnenreizen – ob infolge einer Erkrankung oder aus anderen Gründen – abgeschirmt sind, für die paranormale Dimension sensibler sein müßten. Das erklärt, weshalb manche Menschen – in Einsiedeleien oder in den buddhistischen Zellen der Einsamkeit – auch früher die Abgeschiedenheit suchten.

In diesem Zusammenhang stellen sich verschiedene Fragen, so zum Beispiel:

- Was kann derjenige, dessen körperliche Augen nichts sehen, von Schöpfungsabschnitten wahrnehmen, für deren Betrachtung irdische Augen nicht erforderlich sind?
- Ist seine Sensibilität für Übersinnliches stärker oder schwächer ausgeprägt als die von »Normal«-Sichtigen?

Meine Hypothese lautet: weitaus höher! Denn die »reale« Welt von Menschen, deren Augen nicht in der Lage sind, die Nervenimpulse zum Gehirn zu leiten, wo sie dann zu Bildern umgewandelt werden, gehorcht einer anderen Logik als unsere Realität. Blinde sind in weit höherem Grad sensibel und haben, für die »normale« Welt unmerklich, im Alltag bereits die Grenze zum Paranormalen überschritten. Mancher Beobachter fragt sich gar, ob viele Blinde womöglich eine Fähigkeit entwickelt haben, »mit der Haut« zu ahnen oder – eben übersinnlich – zu »sehen«.

Daß »sehen« und »sehen« nicht das gleiche sind, läßt sich an einem einfachen Modell zeigen:

Ein IQ-Test. Die Probanden werden aufgefordert, in einer Wörterkette – »Hering, Wal, Scholle, Kabeljau« – das Wort zu unterstreichen, das nicht zu den anderen paßt.

Die richtige Antwort lautet »Wal«, denn der Wal ist als Säugetier von den Fischen unterschieden. Doch für Blinde oder andere Menschen, die mit dem sogenannten dritten Auge sehen, könnte gemäß ihrer anderen Logik die Antwort auch »Scholle« lauten.

Wieso das? Es gibt noch – mindestens – ein anderes Unterscheidungsmerkmal: die Art der Bewegung im Wasser. In der genannten Reihe ist die Scholle das einzige Lebewesen, das sich »horizontal« durch das Wasser bewegt, wenn man die Tiere aus einer seitlichen Perspektive beobachtet.

Dieses scheinbar so schlichte Beispiel macht auch die ganze Problematik des »übersinnlichen Sehens« deutlich. Ein gewöhnliches menschliches Auge leitet ungefragt Impulse zum Gehirn, das sie zu einem Bild verwandelt – diesen Vorgang ungefragten Registrierens nennen wir »Sehen«. Natürlich können wir unsere Augen schließen oder das Licht ausschalten, um zu verhindern, daß wir ungefragt registrieren. Doch in dem Augenblick, da wir dieses Hindernis für unser Auge beseitigen, setzt sich dieser Prozeß wieder fort.

Beim »übersinnlichen Sehen« dagegen können wir nur sehen, wonach wir fragen. Darum kommt es so entscheidend auf die Fragestellung an. Es genügt nicht, wie in einem IQ-Test nach »dem« Unterschied zu fragen, wenn sich die zur Auswahl stehenden Objekte auch hinsichtlich anderer Merkmale unterscheiden.

Auch hierzu ein auf den ersten Blick bizarres Beispiel.

Übersinnliche Sehkraft der Wale?

Vor einiger Zeit berichtete man mir von einem Versuch in Kanada. Mehreren PSI-Akteuren wurden – jedem für sich – Audiobänder von Tönen vorgespielt, die Wale auszusenden pflegen.

Das Ziel dieses Versuchs war es herauszufinden, mit Hilfe welcher Gesetzmäßigkeit Wale miteinander kommunizieren. Seitens der Forschung war schon viel Vorarbeit geleistet worden. Die Idee zu diesem Projekt entstand, als man beobachtete, daß sich Wale über Hunderte von Kilometern verständigen können.

Wasser ist ein Medium, durch das man nicht sehr weit sehen kann. Im Grunde sind Wale blind. Bei Tests und Experimenten mit PSI-Akteuren kam nun die Hypothese auf, daß man Delphine, Wale und Fischschwärme – letztere in einer Art Gruppenphänomen – wie »übersinnliche« Blinde ansehen und untersuchen müsse.

Ehe Sie diese Annahme als Unsinn oder jedenfalls als Spekulationen ohne praktische Bedeutung verwerfen, bedenken Sie bitte folgendes: Gegenwärtig befassen sich Gruppen an vielen Stellen der Erde mit der Frage, wie man Kontakt zu anderen Intelligenzen aufnehmen kann, die irgendwo im Universum leben könnten. Mit Hilfe des Weltraumteleskops Hubble vermögen wir Milliarden von Lichtjahren tief in den Raum hinein zu sehen. Trotzdem sind wir in gewisser Weise blind, denn wir sehen nur »Sonnen«, aber die dunklen Planeten, von denen sie umkreist werden, können wir nicht erkennen.

Daher wurde seinerzeit eine Reihe von Fragen und Hypothesen aufgestellt, die man untersuchen wollte, um womöglich einen neuen Weg der Kommunikation mit Intelligenzen, die Lichtjahre von uns entfernt sind, zu finden. Ein Schwerpunkt war hierbei die Untersuchung der Kommunikation der Wale, die möglicherweise nicht nur im Wasser miteinander »sprechen«, sondern mit ihrer Fähigkeit unter Umständen sogar die nächsten von Lebewesen bewohnten Planeten erreichen und mit dort existierenden Wesen kommunizieren können.

Bekanntlich senden Wale ihre Tonsignale auch deshalb aus, um im Wasser schwimmende andere Lebensformen zu orten und für ihre Gehirne sichtbar zu machen. Fledermäuse, Delphine, Wale – also Tiere, die sich mit Hilfe von Frequenzen in ihrem angestammten Medium orientieren – gehörten zu den ersten Objekten des seinerzeitigen PSI-Forschungsprojektes. Manches davon ist seither veröffentlicht worden, vieles aber bis heute geheim geblieben, da auf diesen Erkenntnissen eine Reihe von militärischen und anderen Projekten der Tiefseeforschung fußt.

Ferngesteuerte Delphine

Es geht also bei diesen PSI-Projekten nicht nur um die Technik, mittels Ultraschall Hindernissen auszuweichen, sondern auch darum, wie man Delphine mittels solcher Frequenzen »fernsteuern« kann. Wer im Lebensmedium Meer PSI-Forschung betreibt, wird wahrscheinlich ein gewisses »Kribbeln« unterhalb der Nase und der Lippen kennen, das unter PSI-Akteuren nicht selten für Irritation sorgt. Dieses Kribbeln zeigt offenbar an, daß man Kontakt aufgenommen hat und nun an sich selbst beobachten kann, wie bei Delphinen aufgrund von Frequenzen Richtungsänderungen automatisch vorgenommen werden.

Tatsächlich geraten PSI-Akteure auf ihrem Trip hierdurch oft in Verwirrung. Aus noch nicht geklärten Gründen kann man zum Beispiel durch eine Änderung der Frequenz auf dem PSI-Trip plötzlich in eine andere Richtung geführt werden, wodurch man das Rudel, in das man sich »eingeklinkt« hatte, verliert. Könnte es sein, daß die Tiere in solchen Fällen ihren ungebetenen PSI-Begleiter abschütteln? Über dieses Phänomen zerbrechen sich viele PSI-Forscher derzeit den Kopf.

Ohnehin ist zur Zeit unterhalb der Meeresoberfläche der Beginn größerer Irritationen zu beobachten. Dortige Lebewesen, die mit solchen Fähigkeiten ausgestattet sind, werden durch die Strahlungsrichtung von Peilsendern oder anderen Quellen, die von Bohrinseln, Tiefseebergbaugeräten, Untersee- oder anderen Schiffen oder Flugzeugen stammen, verwirrt. Sollten diese Irritationen weiter wachsen, so droht in den nächsten Jahren ein unterseeisches Chaos.

Farbverschiebungen im übersinnlichen Bereich

Es ist keineswegs ungewöhnlich, daß PSI-Akteure die Kleidung einer Person, die sie »gesehen« haben, falsch beschreiben. Das hat nichts mit mangelnden Fähigkeiten der Akteure, sondern mit Gesetzmäßigkeiten zu tun, die im Zwischenraum zwischen unserer Wirklichkeit und der anderen Realität herrschen.

Bei der Beschreibung einer Person in der anderen Realität kann es beispielsweise zu der Aussage kommen: »Die Person hat eine blaue Hose an sowie ein Hemd, das im

Brustbereich gelblich bis rot ist. Auf dem Kopf hat die Person grünliche Farbe.«

In unserer Realität dagegen ist die Hose schwarz, das Hemd weiß, und von einem grünlichen Kopfbereich ist überhaupt nichts zu sehen.

PSI-Erfahrene wissen, daß solche farbfalschen Bilder meist mit der Feinjustierung der Sensibilität zu tun haben. So kann es beispielsweise sein, daß die Transaktionsfrequenz zwischen Hier und Dort leicht in Richtung Körperfunktionen »verstellt« ist.

In diesem Fall könnten die erwähnten Farbbeobachtungen etwa bedeuten, daß der Unterleib gesund (blau), der Brustbereich krank (gelb bis rot) und der Charakter der Person auf Ärger programmiert ist (grün).

Ein anderes Beispiel erzählte mir ein PSI-Akteur, als wir uns über die Frage unterhielten, wie sich ein Mensch verhalten solle, der einem Außerirdischen begegne. »Man gerät in Panik«, sagte er damals, »es sei denn, wir wurden systematisch über mehrere Generationen vorbereitet. Aber das gilt nicht nur für die Begegnung mit Außerirdischen. Wenn Sie zum Beispiel durch das Auge eines Schwanes sehen«, fuhr er fort, »und sich in die Impulse des Schwanenauges eingeklinkt haben, das über die Nervenbahnen die Impulse zu seinem Gehirn schickt, dann sehen Sie ein Bild, das mit Bestimmtheit nicht dem uns vertrauten Bild eines Menschen ähnelt. Nur PSI-Akteure wissen, daß der Schwan aus irgendwelchen Gründen die Haut des Menschen nicht sehen kann. Wenn nun also der Arm eines Menschen, der den Schwan füttert, in sein Blickfeld kommt, dann sieht er diesen Arm nur als ein bewegliches Etwas aus Muskelpartien, Sehnen, Knochen und Adern. Ob dieser Anblick für den Schwan schrecklich ist? Zumindest hat er sich daran gewöhnt.«

Hörbehinderung und PSI

Alles, was voranstehend zu den Blinden ausgeführt wurde, trifft prinzipiell auch auf Hörbehinderte zu. Man kann, auch wenn man mit den Ohren nichts hört, mit dem Gehirn sprachliche Botschaften empfangen.

Auf der einfachsten, jedem bekannten Ebene funktioniert das mit Hilfe der segensreichen Taubstummensprache: Handbewegungen und Ablesen von den Lippen ermöglichen Kommunikation. Wenn sich diese Sprache im Gehirn abbildet, ohne von Gesten oder anderen optischen Impulsen unterstützt zu werden, kann man schon von einer Vorstufe zur Telepathie sprechen. Vielfach merken Gesunde plötzlich, daß ein Taubstummer auf Gedanken von ihnen reagiert – und führen dieses irritierende Talent zu ihrer Beruhigung rasch darauf zurück, daß der Gehörlose die Information einfach aus der Körpersprache des »Gesunden« abgelesen habe.

Vielleicht aber sind viele dieser »Behinderten« in einer anderen Welt oder anderen Dimension weitaus »gesünder« – erfahrener und kommunikationsfähiger – als all jene, deren Gesundheit sich weitgehend auf Körperliches beschränkt ...

II
Alltag der PSI-Akteure

Ich habe einen mir gut bekannten PSI-Akteur gebeten, für meine Leser einen Bericht zu erstellen, um seinen Arbeitsalltag anschaulich zu machen. Hier einige Auszüge:

Nach dem Telefonat mit M.D. habe ich als erstes für mich eine Skizze angefertigt. So erinnerte ich mich nach und nach an die Einzelheiten der vergangenen Stunden. Ich versetzte mich in der Zeit an den Anfang der Aufgabe zurück.

So ging es gestern los:

Wir fahren auf der Auffahrt und durch das geöffnete Tor rechts auf den Parkplatz. Mehrere Pkws parken dort oder sind dort abgestellt. Es ist eine schöne, ältere Schloßanlage, deren gelbe Fassade in der Sonne strahlt. Die Fensterrahmen sind weiß gestrichen. Die Parkanlage ist sauber und gepflegt. Es ist ein Hotel der Sonderklasse für höchste Ansprüche.

Eine erste kurze Analyse der Spuren, die Gehirnmuster hinterlassen hatten, ergibt nichts, was erwähnenswert wäre oder meine sofortige Beachtung erfordert hätte.

Gegen elf Uhr betreten wir das Hotel durch den rechten Nebeneingang. Wir, das heißt, ein Geschäftsmann, der mich zu dieser Besprechung mitgenommen hat, seine Dolmetscherin und ich. Diesen Geschäftsmann werde ich der Einfachheit halber W (Wirtschaftsboß) nennen, die Dolmetscherin D.

Wir betreten den Konferenzraum von einem Hausflur her und sehen, daß sich bereits einige Leute zu dem Treffen eingefunden haben. Im Laufe der Begrüßung stellen sich auch die restlichen Teilnehmer ein. Sie dürften schon im Hotel gewesen sein und hatten sich in anderen Räumen aufgehalten. Nichts Besonderes.

Meine Aufgabe besteht darin, alle in den Köpfen der Teilnehmer aufkommenden Informationen zu registrieren und auch zu notieren, falls sie für den Geschäftsabschluß relevant sind – jeden wichtigen Gedanken, vor allem Gedanken, die nicht ausgesprochen werden, mit dem Sinn der Worte, die gesprochen werden, zu analysieren. Dazu gehört auch, die Übersetzungen der anwesenden Dolmetscher voneinander zu unterscheiden.

Meine Tätigkeit wird damit erklärt, daß ich der persönlichen Sekretär von W sei, der für ihn Protokollnotizen mache und das Gespräch vorbereitet habe.

Meine weitere Aufgabe ist es, etwaige Telefongespräche PSI-mäßig zu überwachen, sofern sie mit dem Konferenzthema zu tun haben. W hat mich auch gebeten, auf Abhörsicherheit in dieser Konferenzsituation zu achten und ihm, sofern notwendig, die Teilnehmer betreffende Sicherheitsfragen und -risiken in einem verabredeten Modus mitzuteilen.

Zu den Anwesenden gehören vier Politiker: der bevollmächtigte Minister P1 eines Staates sowie seine beiden Begleiter P2 und P3 und ein Sekretär P4. Außerdem der Bankpräsident B, der mit eigenem Sicherheitspersonal erschienen ist, eine Verbindungsperson V, die den Kontakt zu allen Beteiligten an dieser Besprechung hergestellt hat, und wir.

Nach der Begrüßung, schlägt V vor, nun den Raum für die Besprechung aufzusuchen und mit der Tagung zu beginnen. Er geht voraus, da ihm die Räumlichkeiten vertraut sind.

Ich taste auf dem Weg zum Konferenzraum blitzschnell noch einmal die Umgebung ab. Nichts Auffälliges. Keinerlei Gehirnmuster, weder solche mit guten noch solche mit bösen Absichten. Über eine dunkle, breite Holztreppe erreichen wir den Raum. Alle Flure sind mit rotem Teppich ausgelegt. An den Wänden befinden sich Bilder mit Jagdmotiven. Blumen stehen in den Gängen auf kleinen Tischen, um die jeweils zwei Sessel plaziert sind. Die kleinen Sitzecken laden zum Verweilen nach Besprechungen ein und lockern das Gesamtbild auf.

Der Raum ist angenehm eingerichtet, und die Sonne scheint durch die Vorhänge. Ich konzentriere mich auf die einzelnen Einrichtungsstücke. An keinem ist in den letzten 48 Stunden manipuliert worden. Nichts ist in letzter Zeit ausgetauscht oder neu hinzu gestellt worden. Die Umgebung des Konferenzraums sowie der Konferenzraum selbst sind nicht präpariert.

Die Vorgeschichte zu diesem Treffen hatte mir mein Auftraggeber unter vier Augen geschildert. Es geht allgemein darum, weitreichende Geschäftskontakte mit dem Land T aufzubauen, die in beiderseitigem Einvernehmen vorbereitet werden sollen. Hierbei sollen Investitionen von mehreren hundert Millionen Dollar fließen.

V hat gute Kontakte zu den Politikern P2 und P3 des Staates T, weiß aber ansonsten nicht allzuviel über sie. P2 und P3 haben das Treffen mit dem Minister P1 arrangiert. Die Kontakte sollen vertieft, das Projekt auf den Weg gebracht werden. P1 ist angereist, um mit W und B erste Einzelheiten abzusprechen und eben auch die Dinge zu erörtern, die nicht in offiziellen Verträgen stehen. Das ist nicht ungewöhnlich.

Bei diesen inoffiziellen Dingen geht es darum, daß – im Interesse von W – einem Zigarettenhersteller[1] Vertriebsprivilegien zugesichert werden. Aber da ist noch mehr im Füllhorn der Privilegien, z. B. der Aufbau eines Straßen- und Bahnnetzes. P1 hat den direkten Kontakt zur Regierungsspitze und will nun von W genauere Einzelheiten/Möglichkeiten erfahren, die zum Entwurf eines Vorvertrags führen könnten.

Nachdem V seine einführenden Worte beendet hat, die ohne Bedeutung sind, spricht P1 drei bis vier Sätze. Der Dolmetscher von P1 übersetzt.

W sieht mich zwischendurch an. Ich sehe in seinen Augen, daß er die Frage stellt: »Ist die Übersetzung richtig?«

Hier muß ich erklärend hinzufügen, daß es nicht um präzise verbale Übertragung des gesprochenen Wortes geht, sondern um den Hintersinn der Worte, die der Politiker in seiner Heimatsprache formuliert, obwohl er Englisch kann!

Ich nicke mit dem Kopf. Er sagt, was er denkt, ohne diplomatischen Hintersinn. In den Gedankenmustern von P1 bis P3 erkenne ich zu diesem Zeitpunkt ein gemeinsames Interesse, eben die Investitionen ins Land zu holen. P2 und P3 wollen aber unbedingt vorher noch an Geld kommen, bevor das Geschäft zum Tragen kommt. P4 dagegen versucht keinerlei gedank-

---

[1] Branche geändert, M. Dimde

liche Informationen abzugeben. Er ist mental kalt wie Eis.

Ein Kollege?

He, denke ich, der ist der Interessante von den vier Herren vis à vis. Der ist schon zu schlau und kennt die Spielchen internationaler Verhandlungen von Wirtschaftlern. Nur weiß er nicht genug, sonst würde er jetzt an eine Blondine oder sonst etwas Naheliegendes denken, um mir in dieser Runde nicht aufzufallen. So aber muß ich mich mit ihm näher beschäftigen. Später, denn im Moment geben alle Parteien ihre Statements ab. B spricht, ist aber nicht bei der Sache. Da er unwichtig ist, muß ich ihn in diesem Augenblick auch nicht beachten.

P1 äußert, daß er sich gerne und von Herzen für W einsetzen wird, wenn dieser ihn entsprechend in seinem Land mit den ihm zur Verfügung stehenden Mitteln unterstützen wird. Jeder Anwesende weiß, daß sein Land von mehreren Krisen, die durch Korruption verursacht wurden, erschüttert worden ist. W will von mir wissen, welche Rolle P1 dabei spielt.

Nun möchte W erfahren, was genau P1 mit »zur Verfügung stehenden Mitteln« meint. In welcher Form soll Unterstützung geleistet werden?

P1 versucht die Formulierungen so zu halten, daß niemand genau weiß, wovon er spricht. Während ein gewöhnlicher Zuhörer nun der Ansicht wäre, P1 spreche in der Diplomatensprache oder habe mit der Verhandlungstaktik begonnen, entdecke ich, daß sich seine Worte mit seinen Gedanken decken. Das ist ungewöhnlich. Er spricht demnach Floskeln, weil er keine Inhalte zu bieten hat, die er formulieren oder in die Verhandlung einbringen kann. Mir wird mehr und mehr klar: Er hat nichts zu sagen.

W gibt sich ruhig und fragt immer wieder nach, aber es kommt nichts Konkretes über die Lippen von P1.

Ich höre die ärgerliche innere Stimme von W: »Der (P1) kommt hierher und will mit mir sprechen, und das erste, was er verlangt, ist ein Blankoscheck!« Er scheint über den Gesprächseinstieg nicht sehr glücklich.

Inzwischen sehe ich die Struktur von P4, mit dem ich mich näher beschäftigen mußte, und erkenne, daß er der eigentliche Gesprächsführer ist. P1 kann überhaupt nichts sagen, was er nicht mit P4 abgesprochen hat, darum diese Situation. P4 ist also kein PSI-Agent, wie ich vermutet hatte, sondern der Boß der Gruppe. P4 benutzt die Rolle als untergeordnetes Delegationsmitglied, um die andere Seite des Tisches besser beobachten zu können.

W gibt sich diplomatisch und schaut mich an. Ich wende meinen Kopf unauffällig P4 zu. Das ist das verabredete Zeichen, und W versteht. Er wird jetzt seine Verhandlungsstrategie auf P4 abstimmen, also P1 Gelegenheit geben, sich immer wieder mit P4 abzusprechen.

Meine erste Aufgabe ist damit ausgeführt.

V greift vorsichtig ein, weil er merkt, daß das Gespräch W nicht sehr erfreut hat. In V kann ich wie in einem offenen Buch lesen. Seine Aufgabe besteht darin, auf diplomatischem Weg, ohne offizielle Vollmacht, aber inoffiziell durch unsere Regierung ermächtigt, die verschiedenen Interessen der beiden Länder zusammenzuführen.

Es fällt auf, daß er innerlich anderer Meinung ist. Was für ein Job, denke ich, typisch für einen Diplomaten. Unauffällig notiere ich: »Ein Mann, der seinen eigenen Willen ablegen mußte, keine eigene Meinung haben und nur auf Weisung handeln darf.« Irgendwie ähneln wir beide uns. Seine Ängste: Er ist in der Klemme, denn wenn die Dinge nicht so laufen wie vorgesehen, wird er geopfert. Offiziell hat er weder einen Auftrag noch die Rückendeckung seiner Regierung. Er ist in einem Zwiespalt. Sollte das Geschäft zum Tragen kommen, werden die Offiziellen die Lorbeeren ernten. V bleibt im Hintergrund und darf für die nächste heikle Aufgabe dankbar sein. Was für ein Underdog-Job. Er tut mir leid.

Wir sind inzwischen in der dritten Stunde der Begegnung.

Ich höre P4 denken: »Bei dem theoretischen Umsatz kann ich vorab eine Million[2] veranschlagen, bei Abschluß des Vorvertrages dort und dort fällig. Dieselbe Summe brauche ich noch, um weitere Stellen positiv zu informieren.«

Die mentale Situation wird jetzt lustig. P2 denkt daran, wieviel er wohl von P1 abbekommt, und möchte auch noch über V an W herantreten, um auch von dieser Seite zu partizipieren. »Schade, das ich P3 davon etwas abgeben muß«, denkt er. Er weiß zu meinem Erstaunen nicht, daß P4 die entscheidende Person in diesem Quartett ist.

Das macht mir einige Probleme. Ich muß mich auf ihn mehr konzentrieren. Die Informationen kommen nun nach und nach auf mich zu. Demnach ist P4 einer Person zuzuordnen, die ich Nummer eins nennen würde und der er direkt untersteht. Diese Nummer eins ist in dem Land die eigentliche Machtperson, unter der P1 arbeitet. Es ist nicht das Staatsoberhaupt. Also steht P1 unter der Aufsicht von P4. Was für eine merkwürdige Konstellation. Keiner traut keinem.

---

[2] Summe zu einem symbolischen Betrag verringert, M. Dimde

Das Gespräch zieht sich hin. Inzwischen sind erste Summen für die Sachinvestitionen genannt worden. P1 ist klar, daß die genannten Summen nicht ausreichen können. Er ist also an einer sachlich korrekten und gesunden Basis interessiert. P4 weiterhin unbeteiligt. Ich notiere die verschiedenen Denkweisen und versuche nicht selbst zu denken, um aufnahmefähig zu bleiben, denn langsam wird es auch für mich sehr anstrengend.

Während des Mittagessens informiere ich W unauffällig.

Danach greift B erstmals ein, um aus Sicht der Banken einige technische Interna vor Ort anzusprechen.

B spricht mit sehr viel Erfahrung, und sein Vortrag ist wirklich sehr gut. Doch er hat Angst. Ich fühle seine Angst. Wovor fürchtet er sich? Es hat nichts mit diesem Gespräch hier zu tun, stelle ich fest. Er ist ein Verbindungsglied zu mehreren Banken und hat selbst zur Zeit große finanzielle Schwierigkeiten. Davon scheint keiner der Anwesenden – am wenigsten W – etwas zu wissen.

Ich muß bis zur nächsten Pause eine Entscheidung fällen. W informieren oder nicht? Woher kommen B's Schwierigkeiten? Auf der Habenseite finde ich Zahlungen, die von »anderen« nicht geleistet wurden. Im Grunde sieht seine Eigenbilanz nicht so übel aus. Sein Zeitplan ist durch Fremdeinwirkung durcheinandergeraten. Aber im Großgeschäft zählen nur Tatsachen.

Warum ist er eigentlich hier, wenn er sich in einer solchen Situation befindet? Mir wird klar, daß er durch eine große Transaktion ins Ausland den Spielraum bekommt, den er braucht, um sein internes Problem zu lösen.

Ich habe mich entschieden und notiere für W in

Kürzeln, daß er seinen Kontakt zu der Bank dringend überprüfen sollte.

Jetzt also nochmals die P-Gruppe. P1 möchte an der ganzen Angelegenheit persönlich partizipieren. Natürlich, wie in solchen Ländern üblich, in Form von Geld, und er möchte außerdem einen entsprechenden und gut dotierten Posten innerhalb der noch abzuwickelnden Situation. Seine Idealvorstellung vom Ablauf der Dinge wäre: Er bekommt den Posten – und dann auch Geld. Ich notiere mir die Details.

In der Besprechung geht es um das Problem, die theoretisch fließenden Gelder der noch nicht abgeschlossenen Vorverträge so abzusichern, daß bei Nichtabschluß der Hauptverträge die für P vorgesehenen Mittel festgehalten werden und W diese Mittel innerhalb des Landes frei bewegen kann. Im Grunde ist die Situation ganz einfach und doch riskant für den, der überweisen soll, also für W.

P1 und W haben sich festgefahren.

P1 bittet um eine Pause von 30 Minuten, um sich mit seinen Begleitern zu besprechen und einige Telefongespräche zu führen (also P4 zu konsultieren, denke ich).

W und ich gehen auf den Flur. Die Teilnehmer zerstreuen sich im Hotel. W bittet mich um meine Notizen und meine Interpretation. Ich informiere ihn über alles, was ich bis dahin wahrgenommen habe, denn ich bin mir sicher, daß wir nicht abgehört werden können. Das hatte ich eingangs gecheckt.

Daß P1 von P4 jetzt wohl neue Verhandlungsanweisungen bekommt, ist W klar. Den Banker kann W vorerst außen vor lassen, ebenso V. W will meine Meinung zu Nutzen/Risiko wissen und fragt: »Was soll daraus werden? Kein Mensch wird auf einen Vorvertrag zahlen, der nur das Papier wert ist, auf dem er geschrieben wurde. Der Hauptvertrag ist ebenfalls nichts wert«, resümiert er, »solange keine Geschäfte laufen. Was ist, wenn die Regierung wieder wechselt?«

Er sieht mich fragend an. Nun rücke ich mit weiteren familiären Details von P1 bis P4 heraus. Privat stehen bei allen vier die gepackten Koffer für eine überstürzte Abreise bereits im Hausflur.

Meine Einschätzung der Lage und meine Empfehlung: Nichts tun, abwarten. Mit und ohne Schmiergeld passiert da überhaupt nichts – weder heute noch in der Zukunft.

W will von mir nun wissen, mit welchen Forderungen er seine Verhandlungspartner dahin bringen könnte, von sich aus um eine Vertagung der Konferenz zu bitten. (Das ist übrigens meine zweite Hauptaufgabe in solchen Fällen. Meine Auftraggeber brauchen Hinweise auf Forderungen, die sie stellen können, um bei Konferenzabbruch nicht ihr Gesicht zu verlieren.)

»Schlagen Sie vor, daß Sie eine Probelieferung machen und die ersten Gelder aus dieser Lieferung ab Lager kommen sollen.« Ich analysiere nochmals kurz die Lage. »Es wird sich sofort zeigen, daß bei der P-Delegation keinerlei Interesse besteht. Es geht nur um die Zahlung von Schmiergeldern ohne Risiko. Die Lieferung oder Bezahlung von Produkten steht überhaupt nicht zur Diskussion. In den Köpfen von P1 bis P4 und des Hintermannes geht es nur darum, von Ihnen, W, eine Eintrittskarte für ihr Land zu verlangen.

P1 wird Ihren Vorschlag mit Hinweis auf die Gesetze im Lande zurückweisen. Sie können nun darum bitten, daß die P-Gruppe nach ihrer Rückkehr trotzdem nach einem Weg suchen wird. So hätten alle Beteiligten an der Konferenz ihr Gesicht gewahrt.«

Ich kann ihm noch weitere Details, Haken und Ösen bei diesem Projekt aufzählen. Beispielsweise, daß die Ausfuhr der Gewinne durch den eigenen Aufsichtsrat der P-Gruppe blockiert werden würde.

»Das sind harte Worte«, sagt W.

Um das zu klären, braucht man nur die entsprechenden Fragen zu stellen. Ich nenne ihm weitere Fragen, die an den Nerv von P1 bis P4 gehen werden, falls er um Klärung bittet.

»Eigentlich«, sagt W, »habe ich mir das schon gedacht. Anscheinend benötigt man immer wieder jemanden, der einem das, was man eigentlich nicht sehen will, direkt vor Augen führt.«

Die Sitzung wird fortgesetzt.

W kommt nun direkt darauf zu sprechen, Lieferungen ab Lager sofort und gegen finanzielle Absicherung tätigen zu wollen. Wie vorhergesehen, versucht P1 das Gespräch wieder in die andere Bahn zu lenken.

Aber W läßt sich nicht beirren. Er schlägt vor, die Herren um P1 könnten ja die Waren kaufen und direkt den Vertrieb in ihrem Land übernehmen. P1 gefällt diese Situation überhaupt nicht. P4 dagegen zeigt sich zum ersten Mal freundlicher. Er lächelt vor sich hin. Auch er hat jetzt die Situation erkannt und sucht den Rückzug.

B wird unruhig und überträgt mir unabsichtlich die Information in meinen Kopf, daß seine Frau immer noch nicht erschienen ist. Ich suche seine Frau. Sie ist bereits auf dem Weg zu uns. Ihr Sicherheitsbegleiter gehört zu den Sicherheitsleuten von B und hat sich nicht wie vorgesehen gemeldet.

Ich mache eine Notiz, daß wir eine Pause einlegen sollten, und schiebe diese zu V hin.

B ist über den Vorschlag sehr dankbar und äußert,

er mache sich Sorgen wegen seiner Frau, da sie seit einiger Zeit überfällig sei. Alle Nachforschungen bleiben ergebnislos, weil die Funktelefone das Fahrzeug zur Zeit nicht erreichen.

W kommt auf mich zu. »Wann kommt die Frau?« fragt er mich knapp.

»In zirka 45 Minuten«, antworte ich.

»Irgendeine Gefahr in der Nähe ihrer Person?« fragt er.

»Nein, nichts zu finden.«

Jeder ist beschäftigt, und ein lebhafter Telefonverkehr findet statt.

W ergreift sein Handy und tut so, als würde er telefonieren. Dann geht er auf B zu und sagt: »Nach den mir vorliegenden Informationen sollte ihre Frau in zirka 45 Minuten hier sein.«

Die Konferenz geht weiter. Es klopft an der Tür. Frau B ist eingetroffen. Alle atmen auf, und Herr B ist sichtlich beruhigt. Später beim Dinner will B, wie ich hörte, noch wissen, woher W die Information hatte. W sagt mir auf der Rückfahrt, er habe verschmitzt geantwortet: »Man hat so seine Informationsmöglichkeiten.«

Anmerkung:

Die Sache ist zwar noch nicht abgeschlossen, aber seit 1997 steckt Ostasien in der Krise. Ich kann mir nicht vorstellen, daß W unter den heutigen Umständen noch ein Interesse an dieser Investition haben dürfte.

Personenschutz

Als nächstes stelle ich Ihnen ein Beispiel aus dem Bereich »Personenschutz und PSI-Akteure« vor. Meiner Meinung nach ist es für uns Laien hochinteressant, solche Fälle aus der Sicht und dem Mund des PSI-Akteurs zu erfahren.

Hier sein kurzer Bericht:

Es ist ein Tag wie jeder andere. Alles scheint ruhig und normal zu verlaufen. Ich beschäftige mich mit den Blumen im Garten.

Das Telefon klingelt. Ich bekomme einen Anruf von meinem Teamleiter Bert, der mich zu einem Termin einlädt, bei dem ich »irgend jemanden« kennenlernen werde.

Daß keine Namen genannt werden, ist üblich und für mich nicht ungewöhnlich. Das Treffen soll in einem Hotel stattfinden. Bert hat mir nicht gesagt, was daraus werden soll. Auch das ist nicht ungewöhnlich, weil wir erstens den Austausch von Informationen am Telefon vermeiden und er zweitens ohnehin weiß, daß ich bis zu dem angesetzten Treffen aus reiner Neugierde versuchen werde, den Anlaß herauszubekommen. Man kennt sich eben.

Na schön, denke ich und widme mich wieder meinem Garten. Es soll ein Steingarten werden, und ich bin mit mir und meiner gestalterischen Arbeit nicht so recht zufrieden. Die rein körperliche Arbeit geht mir gut von der Hand, nur die ultimative Idee für die Dekoration will mir nicht kommen. Man kann nicht alles können.

Einschub

Menschen ohne (aktive, geschulte) PSI-Befähigung sind häufig der irrigen Meinung, daß man PSI-Akteure wie Fernseher ein- und ausschalten könne und auch die Programme so schnell und frei wählen dürfe, wie wir das im allgemeinen beim Zappen tun. Nach einer Arbeit, die höchste Konzentration und Präzision erfordert, klingt die Anspannung nur sehr langsam ab. Daher beschäftigen sich PSI-Mitarbeiter in der Zeit zwischen zwei Aufträgen mit Dingen wie Gartenarbeit, Angeln, Reiskörner polieren (!), Briefmarken oder anderen Sammlerhobbys. Daher der typische nächste Satz, der oft in PSI-Berichten zu finden ist:

Langsam entferne ich mich von den Gedanken der letzten Tage.

Meine Neugier ist geweckt. In meinem Kopf wird ein großer Saal sichtbar. Dann sehe ich ein kurzes Handgemenge, in das mehrere Personen involviert sind, und eine Person, die auf eine andere einsticht. Sekunden später das gleiche Handgemenge und eine Person, die mit einer kurzen Waffe schießt.

Holla, was war das? Das Gesehene reißt mich aus der Gedankenwelt. Da stehe ich im Garten und habe diese Informationen erhalten.

Woher kommen sie? Wer sind die Personen? Kenne ich einen der Beteiligten? Der Sache muß ich jetzt doch erst einmal nachgehen.

Ich setze mich in meinen Gartenstuhl. Mein Gehirn beginnt die Personen abzutasten, mit denen ich zuletzt Kontakt hatte. Es sind mindestens zwei Persönlichkeiten, die ständig der Gefahr von Attentaten ausgesetzt sind. Aber da ist nichts. Als einzige Möglichkeit bleibt eigentlich nur das eben geführte Telefongespräch. Der Wille des Auftraggebers und seine Gedanken an diese Sache müssen so stark sein, daß ich sie bereits aufgefangen habe, obwohl ich es nicht wollte.

Wenn ich zwei Mädchen, die auf einer Wiese Blumen pflücken, gesehen hätte, würde es mich kaltlassen, aber so etwas ... Also heißt es für mich, die Personen, die ich bei diesem Ereignis gesehen habe, in meinem Kopf zu ordnen.

Da war zuerst der Anrufer, Bert – er ist Realität.

Bert hat Kontakt zu einer Person, sonst hätte er mich nicht angerufen. Wer ist diese Person? Ein Privatmann? Ein Wirtschaftler? Ein Politiker?

Nach der PSI-Analyse, die etwas weniger als zehn Minuten dauert, ist mir klar, daß es sich um einen Politiker handeln muß. Was macht dieser Politiker? Ich sehe, wie er zu einem Rednerpult geht. In der einen Hand hält er einige Blätter Papier. Ich sehe in meinem Kopf, wie er diese auf dem Rednerpult plaziert und zu sprechen beginnt.

Also eine Veranstaltung. Der Saal kommt ins Blickfeld, und ich erinnere mich, ihn vorhin so gesehen zu haben.

Ich rufe die Position des Handgemenges auf.

Einschub

Eine »Position aufrufen« bedeutet erstens, die Zeit zu bestimmen. Die Uhr ist mit Plazierung des Rednermanuskripts gleichsam auf Null gestellt worden, und nun versucht man, die Information zu bekommen, wie viele Sekunden, Minuten, Stunden oder Tage später das Ereignis »Handgemenge« stattfinden wird.

Zweitens wird bei Bestimmung der Position innerhalb des Ereignisses der Ort identifiziert. Hier ist also zu fragen: Wo im Saal kommt es zu dem Ereignis »Handgemenge«?

Wieder kommen zwei Informationen zum Tragen: die Szene mit dem Messer und die mit der Handfeuerwaffe. Diese Reihenfolge deutet darauf hin, daß die Person noch nicht entschieden hat, wie sie die Zielperson angreifen will. Sie schwankt hin und her, scheint mir.

Also geht es um eine Sache, deren Planung noch nicht abgeschlossen ist. Ich suche nach dem Zeitraum, der mir zur Verfügung steht, um die Information auszukundschaften: Findet das Ereignis gegenwärtig oder in der Zukunft statt?

Einschub

Der Versuch zu bestimmen, wann das »Handgemenge« stattfindet, hat erbracht, daß der Zeitpunkt noch nicht exakt feststeht. Daher muß der PSI-Agent versuchen, sich an den Zeitraum heranzutasten, in dem das Ereignis stattfinden soll. Das ist eine sehr schwierige Aufgabe.

Es dauert etwas, bis ich das Gefühl für die Zeit aufbringen kann. Mein Zeitgefühl deutet auf zirka sechs bis acht Tage hin. Das ist genug, um die Situation aufzuklären und gegebenenfalls Maßnahmen zur Verhinderung dieses Attentats in die Wege zu leiten. Ich bin erst einmal beruhigt, da keine überstürzte Maßnahme ausgelöst werden muß.

Ich lasse mir also die nötige Zeit, um die Persönlichkeit des Politikers etwas genauer in Augenschein zu nehmen. Seine Gewohnheiten bei öffentlichen Auftritten und in geschlossenen Räumen, ist er Raucher, Nichtraucher usw. – also Routinefragen.

Der Politiker, dem das Attentat gelten soll, hat die Angewohnheit, aus Sicht des Fahrers hinten rechts in den Wagen einzusteigen. Er trägt einen Anzug, Hemd und Krawatte. Er weigert sich, schußsichere Westen zu tragen, weil er ohnehin etwas korpulent ist und dadurch noch unförmiger erscheinen würde. Er hat Probleme mit dem rechten Bein – eine beginnende Thrombose oder ein Raucherbein. Auf jeden Fall ist er körperlich nicht sehr beweglich, d. h. andere müssen für ihn blitzschnell reagieren.

Insoweit ist im ersten Moment nichts Auffälliges zu finden. Er hat grauschwarzes Haar, ist kräftig gebaut, und seine Körpergröße dürfte nach meinem Dafürhalten zirka 1,75 bis 1,78 Meter betragen. Sein Gewicht schätze ich auf mindestens 95 Kilo, wenn nicht sogar mehr.

Irgendwie, fühle ich, drückt ihn der Schuh, im übertragenen Sinne. Im Grunde ist es nicht interessant, denke ich, es kann ja auch sein Bein sein.

Nun lenke ich mein Augenmerk auf den Angreifer. Was muß ich wissen? Ich konzentriere mich auf die Person.

Die Person ist schlank, Größe etwa 1,80 Meter, und sie trägt einen hellen Lodenmantel oder einen Autofahrer-Kurzmantel. Der Kragen ist hochgeschlagen bzw. unordentlich verschoben. Der Schnitt des Mantels ist eher modern, und die Schultern scheinen, durch den Schnitt bedingt, herabzuhängen. Er trägt linksseitig eine Armbanduhr. Das Alter schätze ich auf zirka 36 Jahre, und das Gewicht dürfte zirka 78 Kilogramm betragen.

Meine Gedanken kreisen nun um den Termin, an dem ich erscheinen soll. Mein Gefühl sagt mir, daß es besser wäre, dort nicht zu erscheinen. Also beschäftige ich mich nochmals mit diesem Termin und den Teilnehmern. Völlig verblüfft muß ich feststellen, daß der Auftraggeber und der potentielle Attentäter einander kennen müssen.

Kurzerhand rufe ich Bert an und bitte um ein Treffen vorab. Ich beschreibe ihm, was mir dazu aufgefallen ist. Er bestätigt mir, daß es sich um den beschriebenen Politiker handelt. Nachdem ich ihm erklärt habe, was mir bei dem Auftritt aufgefallen ist und daß ich eine Verbindung zwischen dem Auftraggeber und dem Attentäter sehe, sage ich den vorgesehen Termin unmißverständlich ab.

Anmerkung:

Was daraus geworden ist, habe ich nicht weiter verfolgt. Ein halbes Jahr später war der Auftraggeber aus dem öffentlichen Dienst suspendiert. Bert erzählte mir irgendwann beiläufig, daß es noch eine sehr ernste Sache geworden sei. Er wolle und könne mir nicht Näheres sagen, aber der Typ wollte wohl checken, ob der Plan nicht PSI-mäßig aufgedeckt werden könne.

Archäologie

PSI-Akteure werden oftmals einbezogen, wenn es darum geht, an unbekannten Orten die archäologische »Stecknadel im Heuhaufen« zu entdecken. Nach außen wird der Einsatz solcher Kräfte immer verschwiegen, weil man auf die öffentliche Meinung, den Geldgeber oder auf politische Gegebenheiten vor Ort Rücksicht nehmen muß. Gerade PSI-Akteure können von Ausgräbern unauffällig eingesetzt werden, da sie nicht unmittelbar vor Ort auftreten müssen, sondern aufgrund ihrer speziellen Begabung auch aus der Ferne wirken können.

Lange vor der eigentlichen Expedition und Feldarbeit können PSI-Akteure auf diese Weise anhand bereits vorhandener Karten, auf denen die bis dato bekannten Einzelheiten verzeichnet sind, eine PSI-Recherche durchführen. Wie so etwas funktioniert, schildert der folgende Bericht eines PSI-Befähigten aus Paris:

Ein Freund, den ich schon länger kenne, wollte seine nächste Reise nach Kairo besonders gründlich vorbereiten. Er hält sich häufig dort auf und hatte oft im Freundeskreis geäußert, daß er schon seit langem den Wald vor lauter Bäumen nicht mehr sehe. Wir verabredeten daher, daß ich vor seiner nächsten Reise versuchen würde, ihm PSI-mäßig zu helfen. Als es soweit war, rief er mich an und fragte mit leicht spöttischem Unterton: »Na, was ist in den Pyramiden Neues zu entdecken, das noch nicht gefunden worden ist?« Ich versprach ihm, danach zu suchen.

Es dauerte einige Tage bis ich mich auf seine Frage einstellen konnte, da ich mich vorerst noch mit recht weltlichen Dingen beschäftigen mußte, während eine Reise in die Vergangenheit einer ganz anderen Einstimmung bedarf. Weder kannte ich Kairo, noch hatte ich jemals Ägypten bereist, geschweige denn, mich mit dem Pyramidenbau beschäftigt. Das Altertum war nie meine Stärke gewesen, und ihm galt auch nicht mein besonderes Interesse.

Wenn ich dennoch ein Ergebnis liefern wollte, mußte ich versuchen, systematisch an die Sache heranzugehen. Der Zeitraum vom Bau der Pyramiden bis heute umfaßt mindestens 3500, eher 4500 Jahre und wahrscheinlich sogar mehr. Da war es also nicht damit getan, rasch um ein Jahrzehnt zurückzutauchen. Vielmehr mußte ich sozusagen Tiefseetauchen im Medium Zeit.

Zur ersten Orientierung dienten mir als auffälliges Zeichen in Ägypten die Pyramiden. Wichtige Aspekte hierbei:

- die äußere Form der Pyramiden
- die Art des Baumaterials
- die eingesetzte handwerkliche Technik
- Baupläne oder -konzepte
- die Funktion der Bauten
- Menschen in den Bauten und der Umgebung, während des Baus und unmittelbar nach Fertigstellung

Um mich richtig einzustimmen, baute ich auch einige Pyramiden aus Pappe nach. Dabei verwendete ich verschiedenfarbige Pappen: rote, gelbe, grüne, blaue, weiße und schwarze. Denn während die Farben in der realen Welt eher dem Auge, also der visuellen Orientierung dienen, besitzen dieselben Farben in der übersinnlichen Welt eine Wirkung, d. h. sie entsprechen einer Kraft.

Als nächstes wählte ich eine »neutrale«, also wenig von Elektrosmog oder anderen Störfeldern belastete Stelle in meinem Haus und stellte abwechselnd die verschiedenfarbigen Pyramidenmodelle unter einen Stuhl, auf dem ich Platz nahm. Nach kurzer Zeit fielen mir Veränderungen auf, die durch die Pyramiden unter dem Stuhl hervorgerufen wurden. Immer wieder wechselte ich die farbigen Pyramiden aus und bemerkte, daß sich bei mir jeweils relativ rasch darauf von Farbe zu Farbe andere Gefühle einstellten.

Demnach ließ sich in der übersinnlichen Welt feststellen, daß die Pyramidenform abhängig von der jeweils verwendeten Farbe unterschiedliche Wirkungen erzeugt. Inwiefern waren diese Effekte auch für die normale Erfahrungsdimension von Belang?

Um das zu überprüfen, lud ich als nächstes einige wenig übersinnlich veranlagte Freunde zu einem Experiment ein, in das sie vorher nicht eingeweiht wurden.

Unter jeden der Stühle, auf denen sie sitzen würden, stellte ich eine der farbigen Pyramiden. Dann deckte ich die Stühle so mit Decken ab, das die Pyramiden nicht zu sehen waren.

Die Wirkungen ließen nicht auf sich warten: Innerhalb kürzester Zeit wurde es dem einen warm, dem anderen kalt und weitere Effekte mehr. Nachdem ich diese Beobachtungen gemacht hatte, erklärte ich den Anwesenden die Situation. Überrascht verlangten alle, nun auf anderen Stühlen sitzen zu dürfen, um die verschiedenen Farbwirkungen zu testen. Dabei stellte sich heraus, daß jeder individuell anders auf die Farben reagierte.

Diese Entdeckung war für mich jedoch nur ein – wenngleich interessanter – Nebeneffekt. Ich hatte mich lediglich auf die ägyptischen Bauten einstimmen wollen und bei den Pyramiden begonnen. Nach und nach drang ich PSI-mäßig tiefer in die Sache ein. Ich machte mir Notizen über jede Information, da ich nicht absehen konnte, wie ich sie weiterverwenden sollte und welchen Wert sie für mich noch erlangen konnte.

Nach und nach arbeitete ich mich durch die Jahrtausende und versuchte systematische Veränderungen zu erkennen. Schließlich war ich bereit: Mein Freund konnte mich nun detailliert befragen, denn ich hatte mich auf möglichst präzise Antworten eingerichtet. Davon wußte er allerdings nichts.

Bei unserem Treffen wollte er natürlich zunächst etwas ganz anderes wissen: Was würde ihm auf seiner nächsten Reise so alles passieren?

»Du wirst mit einem größeren Fahrzeug«, antwortete ich, »in dem mehr als fünf Menschen sitzen können, eine Tour unternehmen.«

Wie sich später herausstellte, hatte er tatsächlich einen Kleinbus gechartert, da er mit sieben Personen zu einem Platz am Ufer des Nils nördlich von Gizeh fahren wollte.

»Eure Tour soll euch zu einem in Fels gehauenen Bauwerk führen, das eines Tages zu einer besonderen Attraktion werden wird, aber das wissen die Leute heute noch nicht.«

Tatsächlich ging es, wie der Ägyptenreisende mir später sagte, um die Reste eines Bauwerks, das möglicherweise in einem Zusammenhang mit Heliopolis, der Priesterstadt der alten Ägypter, dem Pyramidenfeld von Gizeh und einer Oase stehen könnte.

Meinem Eindruck nach wollte diese Tour nicht so richtig klappen. Ich sah voraus, daß der Bus in ein Tal fahren würde, in dem sehr arme Menschen in furchtbaren Behausungen lebten. Der Fahrer würde sich verirren und den richtigen Weg durch das Felsengebirge nicht finden.

An dem Tag, als ich ihm diese Situation schilderte, in die er geraten würde, zuckte er nur mit den Schultern. Doch als er Monate später aus Ägypten zurückkam, berichtete er just über diesen Zwischenfall als erstes und fragte mich kopfschüttelnd:

»Wie konntest du das voraussehen? Wir hatten einen ganz bestimmten Punkt im Auge, den wir untersuchen wollten. Nur war die Zufahrt zu diesem Punkt durch die wilden Slumbauten am Ufer des Nils so versteckt, daß die kleine Straße, die in die Wüste führte, nicht zu finden war. Der Fahrer unseres Kleinbusses mit Allradantrieb verfuhr sich ständig bzw. fand sich jeweils an der nächsten Kreuzung in diesem Elendsviertel auf völlig unbekanntem Terrain. Schließlich kamen wir in ein Tal mit Felsen, mußten dann aber umkehren, weil wir wohl in einer Art Friedhof gelandet waren und der Weg nicht weiterführte. Die Zufahrt wäre parallel dazu in geringer Entfernung zu erreichen gewesen. Da wir das aber nicht wußten, gaben wir auf.«

Seine eigentlichen Fragen galten dann dem Grabungsfeld in Armana, der ehemaligen Hauptstadt des Pharaos Echnaton und seiner Gemahlin Nofretete.

Ich versuchte in die Zeit zurückzugehen, als diese Stadt von Menschen bevölkert war und in voller Blüte stand. Danach wollte ich sehen, welche Menschen sich seinerzeit auf dem Abschnitt, der zur Zeit freigelegt wird, befunden hatten. Beide Versuche erbrachten nichts. Als drittes versuchte ich nun die Spur aufzunehmen, indem ich wissen wollte, wo sich Echnaton zu jenem Zeitpunkt aufgehalten hatte. Doch er befand sich seinerzeit nicht in Armana.

So kamen wir nicht weiter. Also kehrte ich zurück zu dem Ort, an dem 3500 Jahre später freigelegt und ausgegraben wird, denn das war der Fixpunkt in dieser Recherche. Jetzt wollte ich zu dem Punkt, an dem zur Zeit Echnatons in Armana über Geheimnisse gesprochen wurde. Wieder nichts. Damit war nun ziemlich klar, daß in dem derzeit archäologisch bearbeiteten Feld keine großen oder kleinen Entdeckungen zu erwarten waren.

Mein Freund und Auftraggeber war enttäuscht. Aber er hatte den Fixpunkt vorgegeben und mußte nun mit meinem Ergebnis leben.

»Laß uns noch einmal anders vorgehen«, schlug ich vor. »Ich gehe an den Ort, wo ihr zur Zeit grabt ... Okay, ich bin jetzt dort. Nun will ich an diesem Ort die Zeit so weit vor- oder zurücksetzen, daß sich Pharao Echnaton, Nofretete oder ein anderer Geheimnisträger in diesem Umkreis aufhält ... Okay ...«

Nachdem diese Rückversetzung gelungen war, kreisten wir das Gebiet durch eine Reihe von Fragen ein:

»Wo genau befinden sie sich – in welcher Richtung, vom Grabungsort aus gesehen?«

Ich beschrieb ihm eine Richtung, die etwa acht Uhr entspricht, wenn man zwölf Uhr als Norden und sechs Uhr als Süden ansieht. »Dort befindet oder befand sich«, erklärte ich ihm, »zum betreffenden Zeitpunkt ein Gebäude, das heute nicht mehr dort sein muß. Selbst die Grundmauern könnten verschüttet oder überbaut sein. Im Innenhof dieses Gebäudes befand sich zum Zeitpunkt seiner realen Existenz ein Bodenmosaik. Auf diesem Mosaik ist etwas dargestellt – ein Mensch, der in eine Richtung zeigt. Diese Richtung ist das oder ein Geheimnis ...«

Soweit die Ergebnisse meiner damaligen PSI-Recherche.

Einige Zeit darauf, nachdem die Grabungsperiode abgeschlossen war, rief mich der Archäologe neuerlich an. Wir trafen uns, und er erzählte mir, wie die Geschichte weitergegangen war:

Auf dem Grabungsfeld hatten sie keine Reste aus der Zeit Echnatons gefunden. Mein Freund sah sich vor Ort genauer um und versuchte auch meine Angaben zu überprüfen. Bei acht Uhr genau konnte aus geographischen Gründen kein Gebäude gestanden haben, also ließ er eine Serie von Sonden zwischen sieben und neun Uhr in einem Abstand von zwei Metern in den Boden einbringen. Zwischen acht und neun Uhr wurden sie fündig und legten die Überreste eines Bodenmosaiks frei, das Echnaton auf der Jagd zeigte. Er war im Begriff, einen Bogen abzuschießen.

Der Archäologe erinnerte sich daran, daß ich von einer Figur im Mosaik gesprochen hatte, die in eine

Richtung deute. Er folgte der Richtung, in die Echnatons Pfeil wies. Doch er konnte nichts finden. Die Jagdszene ist übrigens fixiert worden und befindet sich heute in Kairo.

Nachtrag: Der Archäologe hat bei seiner Suche möglicherweise einen Fehler gemacht. Er suchte nur in der Entfernung, die ein fliegender Pfeil überwinden kann. Das Geheimnis ist aber unter Umständen viel weiter von dieser Stelle entfernt. Vielleicht werden wir bald in der Presse davon hören.

Ausflüge in die Vergangenheit

Nicht jede PSI-Recherche in der Vergangenheit muß handfesten Erkenntnisinteressen wie denen der Archäologie dienen. Ebenso aufschlußreich kann es sein, in den alten Zeiten herumzustöbern und diese oder jene Anregung ans Licht zu ziehen. Auch nach der neuerlichen Abreise des Archäologen beschäftigte sich der PSI-Akteur mit dessen Arbeit und den Orten, die er aufsuchen würde. Als nächstes fiel ihm auf, daß es in dem Gebiet, in dem sein Freund unterwegs war, einen Eingang zu einem geheimen Ort geben mußte. Dabei wußte er zu diesem Zeitpunkt nicht, daß dieser Eingang gerade gefunden worden war.

In seinem Bericht fährt der PSI-Akteur wie folgt fort:

Es kann durchaus sein, daß ich mich unabsichtlich in die Gehirnmuster derjenigen eingeklinkt hatte, die gerade vor Ort arbeiteten. Von dort aus fuhr ich mittels meiner Technik so weit zurück, daß ich mich schließlich in der Zeit befand, in der diese Anlage fertiggestellt worden war. Von dort aus suchte ich weiter.

Meine Konzentration verfing sich in einem Gang.

Ich sah einen kleinen, sehr tiefen Schacht. Je tiefer ich in ihn eindrang, desto mehr überkam mich PSI-mäßig ein Gefühl von Tönen oder Wellen, die Informationen trugen. Ich fühlte lange Wellen, die mich durchliefen und mir irgendwie bekannt waren, die ich aber eigentlich nie richtig wahrgenommen hatte. In meinem Kopf wurden diese Wellen als Töne und Anweisungen aufgenommen. Ich war mir sehr sicher, daß es sich um Zahlen handelte, die mir zugesandt wurden, sowie um ein Wort. In diesem Schacht bewegte ich mich auf und ab. Die Wellen, die mich durchflossen, schienen in verschiedene Codes oder Sprachen unterteilt, und doch war die Information letztendlich mehr oder weniger gleich.

Immer wieder bildeten sich Worte. Ich begann darüber nachzudenken, wie sich Worte in Wellenform bilden könnten und wie ein einziges Wort verschiedene Ausdrucksformen gewinnen könnte. Langsam wurde mir bewußt, daß es sich um Ritualworte handelte, die hier gesprochen worden waren und noch nachschwangen.

Nachdem ich einige Zeit eruiert hatte, zeichnete sich eine weitere Möglichkeit ab, die jedoch selbst mir zu »unnormal« erschien. Kannten die Auftraggeber, die diese Anlage geplant hatten, eine Technik, mit der man eine Information in simplen Stein einbrennen kann?

Wenn ja, könnte sie etwa so funktioniert haben: Man schlägt eine Höhle oder einen Gang in einen Felsen. Dann läßt man intelligente Lebewesen über Wochen, Monate, Jahre einen komprimierten Informationscode immer wieder beten. Das ist alles. Die ständige Wiederholung der Laute brennt die Informationen dann möglicherweise ins Gestein.

Auf welcher Frequenz waren diese Informationen aber gesendet worden, und woher stammten sie überhaupt? Waren sie in der Vergangenheit hinterlegt worden, oder kamen sie aus dem Bereich, den wir Zukunft nennen?

Wieder baute ich langsam meine Konzentration auf und begab mich zurück in den Schacht. Dort brachte ich meine Konzentration auf die der Wellenlänge entsprechende Höhe. Ich spürte Schallwellen und ging ihnen nach. Was ich von ihnen aufnehmen konnte, brachte mich zu einer Art Versuchsbasis – in der Zukunft!

Das genau Jahr in der Zukunft, in dem diese Versuchsbasis sendete, konnte ich nicht feststellen. Ich bemerkte nur, daß die technologischen Systeme, die sich dort befanden, aus meiner Sicht hochmoderne Geräte waren, die ich noch nie zuvor gesehen hatte. Wenn ich es mit heutigen Bildern vergleichen sollte, ähnelten diese Systeme allenfalls Antennenanlagen.

Ich sah mich um und erblickte lange Gänge, von denen Büros abgingen. Die Türen hatten zum Teil einen kleinen Metallschutz auf Griffhöhe, wie bei den Griffen von Krankenhaustüren. Teilweise waren kleine Fenster in die Türen eingelassen. Die Leute auf den Gängen waren weiß oder sehr hell gekleidet.

Ich wurde von einem Raum angezogen – dort war also etwas, das zu meiner Suche gehörte. Ich durchdrang eine Doppeltür und befand mich in einem großen Raum. An der einen Wand befand sich ein großer Bildschirm, der wie eine Kinoleinwand aussah.

Davor befand sich eine Auflage oder Bahre, auf der eine Person lag. Es waren viele technische Geräte vorhanden. Ich würde sagen, die Herzfrequenz wurde aufgezeichnet, der Blutdruck und andere Funktionen gemessen. Auf einen Monitor war ein Gehirn dargestellt. Es konnte durchaus das Gehirn der betreffenden Person sein. Die Gehirnhälften wurden farbig abgebildet.

Die Farben wechselten langsam, als ob das Gehirn der Person arbeitete. An den Schläfen und am Hinterkopf verliefen Kabel, die zu einem Computer führten. Auf dessen Bildschirm sah ich die Gehirnwellen als Kurven, die sich auf und ab bewegten.

Auf einem zweiten Bildschirm war eine Art Mischpult zu sehen, wie man sie von Musikstudios kennt. Auf der Leinwand lief ein Film. In dem Raum befanden sich zu diesem Zeitraum mehrere Personen. Es kam mir vor, als würden die Gehirnwellen in Bild und Ton umgesetzt und dann auf der Leinwand dargestellt. Die liegende Person schwitzte ein wenig.

Ich vernahm einige Gedanken einer Person in weißem Kittel. Sie dachte: »Irgend etwas läuft hier schief.« Es schien sich um einen Fehler im Programm zu handeln. Die Person grübelte.

Auf einem Tisch befanden sich Blätter mit Skizzen und Formeln. Ich hatte die ganze Zeit geglaubt, in einem Labor zu sein, wo man medizinische Untersuchungen durchführte. Doch wie die Zeichnungen mir zeigten, war dem nicht so: Hier wurde nach Informationen zur Herstellung von Materie gesucht. Die liegende Person war ein Forscher, der auf diese Weise sein Wissenspotential vervielfachte, indem er es mit anderen Wissenschaftler vereinigte und weitere Handlungen ausführte, die ich nicht verstand.

Anhand der Zeichnungen war zu erkennen, daß man Gegenstände aus dem unsichtbaren Raum mittels Tonwellen erzeugen wollte. Die Idee an sich war zu diesem Zeitpunkt anscheinend nichts Neues mehr, denn die anwesenden Personen zeigten keinerlei auffällige Regungen.

Offenbar fügten sich alle Atome und molekularen Verbindungen zusammen, um das gewünschte Objekt zu produzieren. Dabei waren Wellen in meinem Kopf zu hören. Soweit ich es unterscheiden konnte, war die Information aus fünf verschiedenen Wellen aufgebaut.

Der Vorgang dauerte eine Weile. Das besondere Interesse der Anwesenden galt den Frequenzen. Die liegende Versuchsperson konnte einen Teil der Informationen aus irgendeinem Grund nicht auf der großen Leinwand darstellen – das war der Fehler, den man zu beheben versuchte.

Auch bei PSI-Akteuren geht nicht immer alles glatt. Zum Abschluß berichtet der Pariser PSI-Experte noch über ein Experiment, bei dem er scheiterte. Nicht lange nach dem geschilderten Ausflug in die Zukunft wollte er sein »persönliches Abenteuer in dem ägyptischen Schacht«, wie er sich ausdrückte, weiterführen und erlebte folgendes:

Diesmal ließ ich mir mehr Zeit. Ich konzentrierte mich auf die Energie, die sich in dem Schacht darstellte, und suchte eine andere Frequenz. Allmählich vertiefte ich die Konzentration in mir selbst und folgte ganz langsam einem dünnen Licht, dessen Welle ich aufgenommen hatte. Es war ein sehr helles blaues Band, dem ich folgte.

Ich verließ die Erde. Sie wurde kleiner und kleiner. Die Sterne glitten an mir vorüber, und es trug mich hinaus in das unendliche All. Der Strahl, auf dem ich mich befand, nahm an Stärke nicht zu. Um mich herum waren nur Sterne und Plasmawolken. Ich hörte keinen Ton, während ich immer weiter fortgetragen wurde.

Ich kann nicht sagen, wie lang es dauerte, bis ich wieder zu mir kam. Ich kann nicht einmal sagen, was ich gesehen habe oder wo ich gewesen bin. Dieser Versuch führte mich leider nicht zum Ziel – wo und was auch immer dieses Ziel gewesen wäre ...

Der Turbinenbau zu Babel

Zu den für mich verblüffendsten Schilderungen eines PSI-Akteurs seit langer Zeit gehört der Bericht zum Abschluß einer Auftragsarbeit, die ich veranlaßt hatte, nachdem ich von einer Ägyptenreise zurückgekehrt war.

Ich hatte im Ägyptischen Museum in Kairo eine Reihe von Exponaten fotografiert, um dieses Material am Schreibtisch zu Hause weiter auszuwerten. Dazu gehörte auch ein Ank, bekannt als Ank-Kreuz, das Frauen gern als Amulett tragen, vereinigt mit einem Djed, einer Art Säule. Beide waren ineinander geschoben. Dieses System ist im Museum vielerorts zu sehen, so daß niemand von einem Einzelfall oder der willkürlichen Idee eines Künstlers im alten Ägypten sprechen kann.

Was aber steckte möglicherweise dahinter? Zusammen mit einem Fragenkatalog übergab ich meinem Bekannten bei nächster Gelegenheit die Fotos und bat ihn, im Verbund mit zwei oder drei PSI-Befähigten das Geheimnis zu lüften, das ich hier vermutete.

Einige Wochen darauf fand ich den Bericht in der Post und war einen Moment lang sprachlos. Nach Meinung der PSI-Akteure handelte es sich um das Modell eines technischen Gerätes!

Das vermochte ich beim besten Willen, trotz meiner toleranten Haltung gegenüber allem scheinbar Unmöglichen, nicht zu glauben. In dem Bericht stand, daß dieses Ank mit dem hineingeschobenen Djed exakt der Konstruktion einer Düse entspreche, wie wir sie heute zum Beispiel in der Flugzeugtechnik verwenden. Fügte man in Gedanken die äußere Ummantelung hinzu, so ließ sich das Ank-Djed-Gebilde nach Ansicht der PSI-Akteure als das Innere einer Turbine oder eines Turbinenantriebs identifizieren.

Was hatten die Jungs von der Abteilung PSI-Forschung zur Aufklärung dieses Mysteriums getan? Sie hatten sich mental vernetzt, um in der Zeit zurückzufahren, bis der letzte Besitzer oder Träger dieses Ank/Djed zu sehen war. Nach mehreren Anläufen hatten sie den Einstieg eindeutig identifiziert und konnten sehen, daß derjenige, für den

Abbildung 1: Ank-/Djed-Symbol im Ägyptischen Museum in Kairo.

das Symbol angefertigt worden war, noch relativ »jung« war: Er hatte erst vor 2100 Jahren gelebt. Seine Gehirnmuster zeigten keinerlei Wissen vom Hintersinn dieser Symbolkombination.

Wie aus dem Bericht weiter hervorging, ließen sich die drei PSI-Akteure beim nächsten Versuch gemeinsam denjenigen zeigen, der als letzter von dem Geheimnis des Symbols gewußt hatte. Die Zeitbestimmung erwies sich als sehr schwierig, und der Bericht vermied in diesem Punkt jede Festlegung.

Beispielsweise fragten sie: »Stehen die Pyramiden von Gizeh schon?« Doch das Feld von Gizeh war leer. Also muß das Ank-Djed-Symbol noch vor dem Bau der Pyramiden genutzt worden sein. Die Bilder, die sich den drei Akteuren zeigten, waren keinem heutigen Landstrich zuzuordnen. In dem Bericht heißt es hierzu, daß es unmöglich gewesen sei, mit den bekannten Hilfsmitteln – zum Beispiel Kombinationsfragen nach Entfernung zu den Polen und Winkelstellung zu einer auffälligen geologischen Gegebenheit eines Kontinents – den betreffenden Ort zuzuordnen. Schließlich gaben sie die Zeit- und Ortsbestimmung, die sie viel Energie gekostet hatte, auf und konzentrierten sich auf die Frage nach der damaligen Funktion des Ank-Djed-Symbols.

Wozu hatte das Ding gedient, als es noch richtig proportioniert und konstruiert vorgelegen hatte? Bei dieser Frage wurden sie laut Bericht umgehend fündig. Sie hatten nach einem Gebäude, einem Behälter oder einem Etui gefragt, in dem dieses Ding funktioniert hatte, und bekamen als erstes – unter kontrollierten PSI-Bedingungen – einen runden, turmartigen Bau zu sehen. Zwei der drei PSI-Akteure fragten sofort, ob es sich um den Turmbau zu Babel handele, den wir aus den Berichten der Bibel als Rundbau kennen. Daraufhin erhielten sie allerdings ein

Bild einer Landschaft, auf der nichts von einem Turm zu sehen war. Also schlußfolgerten sie, daß das geheimnisvolle Gerät wohl nichts mit diesem Turm zu tun habe. Der dritte PSI-Akteur, der sich passiv eingeklinkt, d. h. die vorangegangenen Fragen nicht aktiv gestellt hatte, bekam jedoch einen Zusammenhang mit dem Turmbau zu sehen.

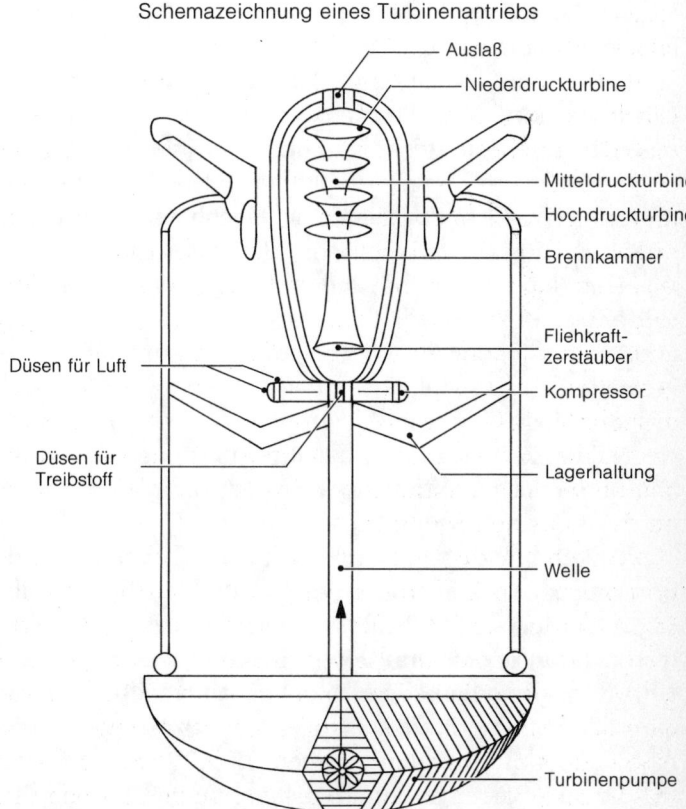

Schemazeichnung eines Turbinenantriebs

Abbildung 2: Schemazeichnung eines Turbinenantriebs: Die strukturelle Ähnlichkeit mit dem altägyptischen Gebilde ist unverkennbar.

Ob man das folgende für möglich oder unmöglich hält, muß jeder Leser für sich entscheiden. Ich möchte Ihnen jedoch die faszinierende Vision des PSI-Akteurs nicht vorenthalten. Was er zu sehen bekam, beschreibt er folgendermaßen:

> Ich sehe theoretische Darstellungen, heute würde man es als Pläne beschreiben, auf einem Material, das zwar plan ist, jedoch nicht aus Leder, Stein, Ton oder Papyrus besteht.
>
> Das Bauwerk wächst ruckartig, aber nicht stufenförmig, sondern ziemlich senkrecht. Es sieht aus wie ein riesiger, sehr breiter runder Schornstein.
>
> Auf meine Frage, ob ich ein Haus hineinstellen kann, sehe ich das Haus. Ein Hochhaus – nein, das scheint zu groß zu sein. Schließlich passen vier Tennisplätze hinein, aber das Innere bleibt leer. Auf die Frage, was nun das Ank-Djed-Zeichen damit zu tun hat, ist plötzlich das Ank/Djed raumfüllend im Inneren des Schlotes zu sehen. Es dreht sich.

PSI-Akteure können sich schnell für einen neuen Gedanken begeistern. In der betreffenden Sitzung war nach dem Bericht des dritten PSI-Akteurs an keine Weiterarbeit zu denken gewesen, weil die anderen beiden selbst sehen wollten, was der Kollege da vor Augen hatte. Hierbei kristallisierte sich heraus, daß die Bibel wohl doch recht hat – wenn man die dort überlieferte Geschichte etwas zurechtrückt.

Anscheinend baute man in Babel seinerzeit nicht etwa einen Turm, um zu Gott emporzusteigen, sondern eine Art »Raumschiff« mit einer riesigen Düse. Als das Ding fertig war und man es in Betrieb nahm, scheint es einen Ton von sich gegeben zu haben, der die Leute dort in den Wahnsinn trieb – daher die folgenreiche Sprachverwirrung. Schließlich ist der »Turm« explodiert, d. h. auseinandergebrochen, sei es durch Eigenschwingung oder aufgrund anderer technischer Probleme.

Angeregt durch die Beobachtung, daß die Ank/Djed-Kombination eine Art »Außenhülle« besessen haben muß, arbeiteten die drei PSI-Späher weiter und wurden sich mehr und mehr sicher, daß es sich um das Innere eines Turbinenantriebs handeln mußte.

Sie fertigten eine erste Skizze an und legten sie einem Experten von einer Technischen Hochschule in Deutschland vor. Natürlich sagten sie ihm nicht, daß sie an einem PSI-Projekt arbeiteten, sondern fragten, was an der einfachen Skizze, in der zwar die Grundstruktur, aber kein Ank mehr zu erkennen war, richtig oder falsch wäre, wenn es sich um eine Konstruktionszeichnung handeln würde. Der Spezialist für Turbinenantriebe veränderte die Skizze so, daß ein Modell mit diesen Konstruktionsmerkmalen tatsächlich funktionieren würde (Abb. 2).

Neben dem Bericht bekam ich schließlich auch die technische Zeichnung auf den Schreibtisch, und ich meine, daß man trotz der Abänderungen, die der Techniker anbringen mußte, um das Gerät im Experiment zum Laufen zu bringen, immer noch die ursprüngliche Ank/Djed-Kombination erkennt.

Ungeklärt bleiben bei alledem indes zwei Fragen: Wozu brauchten die alten Ägypter Turbinen, und warum trugen die Mächtigen des Landes Abbildungen solcher Triebwerksdüsen mit sich herum?

Fehlersuche in der Forschung

Immer wieder das alte leidige Problem: Einer Gruppe von Forschern gehen die Geldmittel aus, bevor man den Auftraggebern ein Ergebnis präsentieren kann. Aber auch hier können PSI-Akteure wirksam helfen. Ein typisches Beispiel für den Einsatz von paranormalen Fähigkeiten in der Forschung stammt aus Australien. Auch solche Arbeiten werden natürlich unter strengster Diskretion durchgeführt, um die Öffentlichkeit nicht zu verwirren.

Obwohl alle Versuchsreihen planmäßig abliefen, stellte sich unversehens ein Problem ein. Das vorgesehene Endprodukt hatte sich verändert, und zwar in einer Weise, wie es weder zu erwarten noch erwünscht war. Die Kosten für die Versuchsreihen waren erheblich. Als auch die darauffolgenden Laborläufe schiefgingen, wurden zwei PSI-Akteure um Mithilfe gebeten.

Die beiden PSI-Akteure sind vorwiegend im technischen Bereich tätig, liefern also Denkanstöße für die Betriebssicherheit und Funktionszuverlässigkeit von Maschinen, Anlagen oder komplizierten Verdrahtungen, bei denen unerklärliche Fehler auftreten.

Die Frage an die beiden lautete: Wer oder was hat bei diesen Experimenten einen Fehlschlag herbeigeführt? Beim Briefing wurden sie mit den örtlichen Gegebenheiten bekanntgemacht: ein gentechnisches Laboratorium, angeschlossen an ein Krankenhaus. Das Labor ist mit allen notwendigen Schutzvorrichtungen ausgestattet. Eine Klimaanlage für die Räume, in denen die Versuche durchgeführt werden, ist vorhanden.

Des weiteren wurden den PSI-Akteuren der Name des Experimentes, die Adresse der Institution und die Namen der beteiligten Personen – Forschungsleiter, Mitarbeiter und Assistenten, Hilfspersonal bis hin zu den Reinigungskräften – mitgeteilt. Dann machten sich die PSI-Akteure ans Werk. Sie bekamen jeder einen eigenen Raum zugewiesen und sollten zu unterschiedlichen Zeiten (um sich nicht gegenseitig beeinflussen) die Vorarbeit leisten, um dann in einer gemeinsamen Arbeitssitzung ein Protokoll zu erstellen. Die Detailarbeit der beiden (im folgenden A und B genannt) ist hier nicht wiedergegeben, denn sie bestand überwiegend aus schriftlichen Notizen, um den gemeinsamen Einstiegszeitpunkt festzulegen.

Das PSI-Protokoll

A

Ich sehe zwei Personen im Raum. Die erste Person ist eine Frau, zirka eins achtzig groß, sehr schlank, hat lange, dünne mittelblonde Haare und trägt einen weißen Arbeitskittel.

Ich beobachte sie.

Eine weitere Person wird nun vor meinem geistigen Auge sichtbar. Sie ist stärker gebaut als die erste Person. Volles dunkles Haar, Größe zirka eins fünfundsiebzig, mit weißem Kittel.

Beide Personen machen den Eindruck, an dem gleichen Projekt zu arbeiten.

B

Ich sehe eine Frau in einem Raum. Das dürfte das Labor sein. Sie studiert einige Papiere, die vor ihr auf dem Tisch liegen.

Auf dem Tisch, der sich vor der Fensterreihe hinzieht, stehen verschiedene Behältnisse aus Glas, Porzellan und Kunststoff. Sie sind teilweise mit verschiedenen Flüssigkeiten gefüllt und teilweise leer.

Für mich ist nichts Auffälliges sichtbar.

Es sind mehrere Tische. Auf dem mittleren Tisch im Raum sehe ich Gefäße, deren Farbe mir gelb erscheint.

Ich gehe in der Zeit zurück. Ich möchte das Experiment von Anfang an beobachten.

Die zweite Person steht am mittleren Tisch und hat vor sich mehrere kleine, runde Glasgefäße. Ich frage: Was ist in diesen runden, flachen Glasgefäßen?

Ich sehe, wie etwas eingebracht oder aufgetragen wird. Nichts Auffälliges.

A

Die Ziffern 8, 1, 9 erscheinen. Ich will sehen, wozu oder wohin diese Ziffern gehören ... Nichts; die Ziffern 8, 1, 9 haben also nichts damit zu tun.

Jetzt 8, 19 – wozu/wohin gehören diese Zahlen? Nichts ...

Dann 81, 9? Wieder nichts ...

Es handelt sich also nicht um eine Zahl, Aufzählung oder dergleichen. Könnte es ein Datum sein? 8-19 ... Ist es der 19. August?

Jawohl! Treffer ...

An dieser Stelle wurde die Arbeit unterbrochen. Der Auftraggeber ging der Frage nach Laborbüchern, Experimenten, Akten oder sonstigen Unterlagen nach, die am 19. August geschrieben, ausgeführt oder bearbeitet worden waren. Tatsächlich war an diesem 19. August innerhalb des fraglichen Projektes ein Versuch gelaufen.

Weiter im PSI-Protokoll:

B

Die eine Person nimmt ein Gefäß in der Größe eines Fingerhuts. Es wird etwas entnommen. Sie gibt es in eine Schale. Es könnte sich um eine Art Nährlösung handeln.

Ich will das flache Glasgefäß vergrößert sehen ... Im selben Moment sehe ich ganz feine Partikel umherfliegen. Einige setzen sich auf den Gefäßinhalt.

Woher kommen diese Partikel? ... Es wird eine Nase sichtbar.

Ich will die Person sehen, zu der diese Nase gehört ... Mein inneres Auge fokussiert und zeigt mir die zweite Person.

Ich will jetzt noch einmal die beiden Gefäße sehen ... Das linke ist mit den Partikeln zu sehen, rechts das ohne die Partikel.

Aus dem Protokoll der gemeinsamen Arbeit von A und B

An dem Zwischenfall sind/waren nur zwei Personen aus dem gesamten Team beteiligt.

Das Scheitern der Experimente ist auf ein Vorkommnis am 19. August zurückzuführen.

An diesem Tag ist eine Verunreinigung in das Experiment eingeführt worden.

Die Verunreinigung ist chemischer Natur.

Sie erfolgte dadurch, daß ein Mundschutz außerhalb des betreffenden Laborraums benutzt wurde, mit dem man dann weiter gearbeitet hat.

Genauer gesagt war es die Nasenluft, die beim Ausatmen bestimmte Partikel in den Raum und in das Gefäß geblasen hat.

B

Was wäre notwendig gewesen, um das Experiment ordnungsgemäß durchzuführen? Vor meinem inneren Auge sehe ich Handschuhe und Mundschutz.

Sind weitere Dinge am Mißlingen der Versuchsreihe schuld? ... Es zeigt sich nichts, also haben wir die entscheidenden Gegenstände identifiziert.

Ergebnis der PSI-Arbeit

Handschuhe und Mundschutz, die im Laborraum benutzt werden, dürfen nicht vorher außerhalb des Versuchsraums getragen worden sein. Da nicht ganz klar war, ob nicht auch das Produktionsverfahren bei der Herstellung des Mundschutzes eine Rolle spielt, wurde empfohlen, den Lieferanten zu wechseln bzw. die Masken analysieren zu lassen.

Einige Tage danach wurde ein neuer Versuch gestartet. Das Laborteam arbeitet nun mit Handschuhen und Mundschutz eines anderen Herstellers. Der Fehler trat nicht mehr auf.

Nach Ablauf der Versuchsreihe wollte der Versuchsleiter überprüfen, ob die getroffene Maßnahme notwendig gewesen war. Ein Experiment wurde nochmals unter den alten Bedingungen durchgeführt. Wieder stellte sich das bekannte – und demnach reproduzierbare – Fehlresultat ein.

Personensuche

Man hört und liest in den Zeitungen oft vom Einsatz PSI-Befähigter beim Aufspüren von Vermißten. Über Erfolge dieser privaten Personensuche wird meist nicht berichtet, da die Auftraggeber in der Regel auf Diskretion bestehen. Sie bezahlen schließlich die Honorare, die bei Profis etliche tausend Mark betragen können. Die nachfolgende Story verdanke ich einem solchen Profi, der die Aktion aus seiner Sicht beschrieben hat. Die Suche hatte übrigens keinen kriminalistischen Hintergrund. Es ging um einen Menschen mit einer besonderen Fähigkeit, von dem die Auftraggeber gehört hatten und der aufgespürt wer-

den sollte, da sie mit der Person zusammenarbeiten wollten.

Hier also der Bericht des PSI-Akteurs:

Zunächst in kurzen Worten die wenigen Anhaltspunkte, die über die betreffende Person bekannt waren:

Geschlecht:	männlich
Nationalität:	spanisch
Adresse:	unbekannt
Alter:	ca. 30 Jahre
Größe:	ca. 1, 75 m
Gewicht:	ca. 70 kg
Besondere Kennzeichen:	unbekannt
Sonstiges:	Beschäftigt sich mit Telepa- thie im Zusammenhang mit Delphinen

Erschöpfende Informationen standen mir da nicht gerade zur Verfügung, dachte ich. Der gesuchte Mann
konnte sich irgendwo auf der Welt aufhalten, wo es
Delphine und folglich auch Wasser gab.

Als erstes mußte ich allgemein Personen finden, die
sich mit Delphinen beschäftigen. Danach Menschen
aus der Umgebung dieser Personen aufspüren, die mit
Telepathie zu tun haben könnten.

Mit diesen Angaben suchte ich nun nach der besten
Verbindung. Einstimmung auf die gesuchte Person war
angesagt. Ich ging am Wasser spazieren und versuchte
die Gehirnmuster der Person telepathisch zu identifizieren, denn – davon war ich überzeugt – sie mußten
sich deutlich von den Gehirnmustern anderer Helfer in
der Umgebung der Delphine unterscheiden. Also versetzte ich mich probeweise in sie hinein.

Einschub

Sich in einen anderen Menschen hineinzuversetzen funktioniert anscheinend so, daß man seine Art zu sehen, was er schmeckt, riecht, ja sogar fühlt, wie er seinen Körper bewegt usw. in sich aufzunehmen versucht, um es synchron zu dieser Person auszuführen. Das wird bei der Suche nach Vermißten ebenso praktiziert. Der PSI-Akteur will wissen, was die gesuchte Person zum Zeitpunkt X sieht, riecht usw. Sind die Sinnesorgane »auf null gestellt«, so bleibt nur ein Schluß übrig, der aber nie ausgesprochen wird, um den Angehörigen nicht die letzte Hoffnung zu rauben.

Nach kurzer Zeit fing ich an zu gehen, wie diese Person ging. Mein Gang wurde fraulich. Hin und wieder sah ich (obwohl ich selbst männlich und heterosexuell bin) Vertretern des männlichen Geschlechts nach.

War die zu findende Person homosexuell? Das Körpergewicht schien mit den vorgegebenen Daten übereinzustimmen, ebenso die Körpergröße.

Ich nahm ein sehr freundliches Wesen an und begann ausgesprochen höflich zu reagieren.

Es wurde warm um mich herum. Ich trug leichte Kleidung.

Ich trat in ein Einkaufszentrum und ging an verschiedenen Läden vorbei, um festzustellen, was mir besonders angenehm ins Auge stach, wie also seine Reaktionen waren.

Ich bekam eine Abneigung gegen Fleisch und Fisch zu spüren. Der Mann ist wohl Vegetarier, dachte ich.

Auf einmal interessierte ich mich für sehr moderne Kleidung. Aber nichts von dem, was ich sah, war mir modern genug. Designerkleidung hätte mir wohl besser gestanden, kam es mir in den Sinn.

Ein Geschäft mit indianischen und naturbelassenen Artikeln zog mein Interesse auf sich. Ich ging hinein. Der Fußboden war mit grünem Teppich ausgelegt, und es roch nach Frühlingsluft, die über die Klimaanlage eingespeist wurde. Im Hintergrund ertönte leise Musik, gemischt mit Meeresrauschen. In den Auslagen sah ich Kristalle in allen Größen, die sich sehr angenehm anfühlten. Und Shirts mit aufgedruckten Tieren, von denen mir besonders die mit Walen und Delphinen gefielen. Außerdem fand ich CDs mit Musik in Naturklängen und Tönen von Walen und Delphinen.

Ich nahm einen Kopfhörer, der von einer Verkaufssäule hing, und startete den CD-Player mit der Aufschrift »Delphintöne«. Gleich darauf hörte ich die Töne, die mir das Gefühl vermittelten, daß ich mich im Wasser befand.

Vor meinem geistigen Auge sah ich einen Mann schwimmen, umgeben von mehreren Delphinen. Das Wasser war nicht kalt, aber auch nicht warm. Es schien mir hier sehr tief zu sein. Es war ziemlich klar. Die Delphine verständigten sich untereinander, und ich versuchte die Stimmen zu verstehen.

Irgendwie bekam ich jedoch den Kontakt nicht so richtig hin. Nachdem ich dem Klang einige Zeit zugehört hatte, streifte ich den Kopfhörer wieder ab und verließ den Laden. Nach diesem ersten PSI-Kontakt zu der gesuchten Person wollte ich mir Notizen machen und setzte mich daher in ein Café. Ich wollte Milchkaffee bestellen, sagte aber: »Bringen Sie mir bitte einen doppelten Espresso.« Ich war zwar verwundert über mich, doch ehe ich den Satz revidieren konnte, verschwand die Bedienung aus meinem Gesichtsfeld.

Ich nahm meine Zigaretten aus der Tasche, bemerkte dann aber, daß ich entgegen meiner sonstigen Gewohnheit nicht rauchen wollte.

Die gesuchte Person war also Espressotrinker und Nichtraucher.

Ich schrieb nun ein Gedächtnisprotokoll, wie ich es immer tue, um alles zu notieren, was mir aufgefallen war. Erfahrungsgemäß würde sich der eine oder andere Hinweis bei der Intensivsuche noch als nützlich erweisen.

In Form einer Stichwortliste hielt ich die mir nun bekannten Charakteristika der gesuchten Person fest:

- Nichtraucher,
- Espressotrinker,
- Vegetarier,
- Träumer,
- Schwimmer,
- guter Zuhörer,
- bedacht auf leichte Kleidung: trägt Designerkleidung mit besonders modernen Schnitten,
- möglicherweise homosexuell (oder man hat mich mit der Angabe des Geschlechts auf die Probe stellen wollen),
- sehr freundliche Ausdrucksweise,
- netter Charakter,
- leichter Bewegungsablauf im Gehen,
- gepflegtes Erscheinungsbild,
- angenehme Ausstrahlung.

Da hatte ich nun einige Details zum Profil der Person, die gesucht wurde. Allerdings war mir immer noch nicht klar, ob es sich nicht doch um eine weibliche Person handelte.

Nachdem ich die Person etwas näher in Augenschein genommen hatte, suchte ich mir ein Bild von der Umgebung zu machen, in der sie sich bewegte.

Hierbei setzte ich (wie die meisten PSI-Profis) in erster Linie den Geruchssinn ein. Als sich meine Konzentration auf die Geruchsbahn richtete, hatte ich den typischen Geruch des Meeres oder der Nähe eines sehr großen Gewässers in der Nase. Außerdem hatte ich helle Häuser im Kopf. Das Meer schien von dem Ort, wo sich die Person befand, nicht weit entfernt zu sein.

Ich versuchte die Zeit einzuschätzen und legte den Weg vom Haus bis zum Meer zurück. In meinem Kopf meinte ich eine Entfernung von fünf bis weniger als zehn Fußminuten auszumachen. Dabei stolperte ich zweimal über Eisenbahnschienen.

Allmählich sah ich es vor mir: das Meer, davor der Strand, parallel dazu eine Bahnlinie und eine Straße. Die Straße führte geradewegs, mit ganz leichter Biegung, zu seinem Haus.

Ich machte eine kurze Skizze. Das Haus dürfte vom Meer aus rechts liegen. Jedenfalls bekam ich die Situation so in meinem Kopf eingeblendet, als ob ich durch die Augen der gesuchten Person blicken würde.

Ich suchte nach Wahrzeichen der Stadt, zu der das Haus gehörte. Es schien sich um einen kleinen Ort zu handeln: nicht viele Häuser und keine Hochhäuser. Der Ort lag am Fuße eines Berges, eher eines Hügels, der nicht besonders hoch war.

Wo lag die nächstgrößere Stadt? Ich trank den Espresso und arbeitete weiter.

Langsam tauchte eine Stadt auf. Anfänglich nahm ich sie mehr als einen Schatten wahr. Doch die Stadt hatte einen Hafen, dort gab es ein Rondell mit Säule oder Statue und viel Verkehr um das Rondell herum.

Von dort bis zur Stadtmitte führte eine Fußgängerzone, die mit vielen Menschen bevölkert war. Buden und Stände säumten den Weg. In der Mitte war die Fußgängerzone, rechts und links jeweils Straße und hohe Gebäude. Am Ende des Ganzen erstreckte sich ein großer freier Platz mit Springbrunnen. Links vor dem Platz war ein Café mit vielen Stühlen im Außenbereich, rechts ein Kaufhaus mit grauer Fassade. Irgendwo links gab es außerdem einen hohen Berg. Eine Seilbahn führte von diesem Berg bis zum Hafen. Als ich versuchte, weitere Merkmale zu recherchieren, merkte ich rasch, daß es bei solchen vagen Bildern blieb und ich so nicht weiterkommen würde. Aber immerhin besaß ich nun einige wertvolle Anhaltspunkte, die man in einen Computer eingeben konnte, um die in Frage kommenden Städte identifizieren zu lassen.

Im nächsten Schritt mußte ich präziser fragen: Was sind die besonderen Sehenswürdigkeiten dieser Stadt?

Ein Park – da war eine ungewöhnliche Anlage, mit bizarren Mauern und Gebilden. Dann ein Gebäude, ausgeführt in einem Stil, der mich an Dalí erinnerte. Außerdem eine Kirche, die sich im Bau befand und mich wieder an Dalí erinnerte. Schließlich sah ich auch eine Stierkampfarena und ein großes Stadiongelände, als wäre dort eine Olympiade ausgerichtet worden. Auch setzte sich in meinen Kopf ein weiterer Berg im Hintergrund mit einem Vergnügungspark fest.

Ich stand auf, legte das Geld für den Espresso, den ich ausgetrunken hatte, auf den Tisch und ging in ein Reisebüro. »Ich suche eine spanische Hafenstadt«, erklärte ich, »mit einer Fußgängerzone, die vom Hafen aus zur Stadtmitte führt. Eine Seilbahn muß vom Hafen aus auf einen Berg führen, und einige Gebäude sehen aus, als hätte Dalí sie erschaffen.«

»Da gibt es nicht viel zu überlegen, hört sich an wie

Barcelona«, sagte der Angestellte und suchte eine Broschüre heraus. Er gab sie mir, und ich erkannte sogleich die Bilder wieder, die ich Augenblicke zuvor in meinem Kopf gesehen hatte. Nach wenigen Minuten kam ich zu der Überzeugung, daß ich auch bei meiner PSI-Recherche Ausschnitte von Barcelona gesehen hatte.

Damit war der erste Teil meiner Arbeit erledigt. Wie viele Einwohner hatte Barcelona aber? Eine Nadel im Heuhaufen zu finden, darauf lief es ja immer heraus. Jetzt aber war zumindest klar, auf welcher Wiese sich der Heuhaufen höchstwahrscheinlich befand.

Am nächsten Tag machte ich weiter. Die gesuchte Person schien mir aufgrund der bislang ermittelten PSI-Daten eher in einem Vorort zu wohnen. Aber in welchem?

Mir war klar, daß ich nun einen »Weg von Personen« oder weitere Kennzeichen benötigte, die mich zu dem Gesuchten führen konnten.

Einschub

Den »Weg der Personen« nennt man im Jargon den Weg über eine Person, die einen kennt, der den kennt, den ich suche oder der mir den Weg zu einer weiteren Person zeigt, die jemanden kennt – und so weiter. Es ist also ein sehr umständliches Verfahren, aber manchmal führt auch dieser Weg an das gewünschte Ziel. Unser PSI-Akteur ist sich zu diesem Zeitpunkt überdies nicht ganz sicher, ob die Person, auf deren Spur er sich befand, mit der auftragsgemäß zu suchenden Person übereinstimmt.

Vom telepathischen Kontakt zu Delphinen versprach ich mir weitere Aufschlüsse hinsichtlich der gesuchten Person. Versuchen wir es über diesen Weg, dachte ich daher: Ich will hören, was du hörst ...

Da ich von Delphinen und den Lauten, die sie von sich gaben, nicht mehr wußte, als in den Flipper-Filmen der 60er-Jahre gezeigt worden war, beschloß ich, mir vorher eine CD mit unverfälschten Delphinstimmen zu kaufen. Danach spielte ich diese CD wieder und wieder ab, bis ich den telepathischen Kontakt zu den Delphinen herstellen konnte.

Man kann kaum mit Worten beschreiben, wie das ist, wenn man eine solche Verbindung herstellt, dennoch will ich es versuchen. Man konzentriert sich auf die Lebensform, mit der man den Kontakt knüpfen möchte. Wenn dieser Kontakt hergestellt wird, überläuft einen ein Gefühl, als ob Ringe vom Kopf bis zu den Füßen und zurück den Körper umgeben oder in Bewegung sind. Dieser Vorgang mag von Person zu Person etwas anders empfunden werden, im Prinzip aber kann man es wohl so beschreiben. Je niedriger die betreffende Lebensform, desto enger schnüren einen die Ringe ein.

Ich beschloß zu warten, bis der Gesuchte seinerseits Kontakt mit Delphinen aufnahm, um über diese Verbindung zu ihm vorzustoßen. Es vergingen Tage, bis er sich daran machte, erneut einen Kontakt zu den Tieren herzustellen. Ich nutzte diese Zeit, um die Delphine zu studieren, mit denen er diese Form der Verständigung suchte. Mir fiel auf, daß die Tiere verschiedene »Sprachen« hatten. Außerdem schwammen die Gruppen verschiedene Wege, zumindest waren das die Informationen, die ich zu diesem Zeitpunkt wahrnehmen konnte.

Endlich hatte ich ihn über seine Delphine gefunden und gewann folgende weitere Informationen: Er hatte in seiner Wohnung einen Platz, den er von Zeit zu Zeit aufsuchte, um dort zu meditieren. Der Raum enthielt eine Art Kommode oder Altar und war ansonsten spartanisch eingerichtet. Auf der Ablage standen Modelle von Delphinen und Walen aus Holz und Kristall, Glas und Stein. An den Wänden hingen Bilder, die schwimmende Delphine zeigten. Auf dem Boden lag eine Matte, nicht sehr groß, auf die er sich im Lotussitz setzte. Ich verbrachte viel Zeit damit, ihn zu beobachten.

Ich war mir zu diesem Zeitpunkt nicht ganz sicher, aber es schien mir, als stellte er über die Delphine eine Verbindung zu einer Art Hauptdelphinsystem her. Ich konnte die Position nicht genau ausmachen, mit der er sich befaßte. Dieser Kontakt brachte ihm das Gefühl von großer Liebe, das konnte man spüren, aber warum tat der Mann das? Mehr und mehr wurde ich mir sicher, daß es eine männliche Person war. Auf jeden Fall öffnete er einen Informationskanal zu den Delphinen. Er wurde ein Teil von ihnen. Und sein Beweggrund war, daß ihm der Austausch von Frage und Antwort viele Informationen brachte. Ich allerdings konnte die Art der Informationen nicht identifizieren.

Vor diesem Auftrag hatte ich noch nie Kontakt zu Walen oder Delphinen aufgenommen, obwohl diese Bewohner des Meeres uns in mancherlei Hinsicht ähnlich sind. Mit meinem eigentlichen Auftrag hatte das nichts zu tun, aber ich stellte doch nach und nach fest, daß er Informationen aufnahm, um Menschen und Delphine zusammenzuführen. Ich hatte sein Gehirnmuster klar vor mir. Dieser Aufgabe wollte er sein Leben widmen. Merkwürdig war, daß ich die Verbindung zu seinem – wie ich es für mich nannte – »System der Delphine« halten und auch Informationen herausziehen, aber den Kontakt zu ihm selbst noch immer nicht herstellen konnte.

Währenddessen suchte ich in meinen Bekanntenkreis jemanden, der gute Verbindungen nach Barcelona hatte. Da gab es einen, der über unzählige Kontakte dorthin verfügte, einen Ingenieur. Einen Teil seines Lebens hatte er bei Indianern verbracht, mit ihnen zusammen gelebt und sehr viel von ihnen gelernt. Er lud mich zu sich ein. Ich setzte mich ins Flugzeug und besuchte ihn, um von dem kleinen Dorf aus, wo er wohnte, weiter nach dem Mann mit den Delphinen zu suchen.

Auf Spaziergängen sprachen wir über das Leben der Indianer, die mich brennend interessierten. Eines Tages gegen Mitternacht, als wir mit seinem Hund eine letzte abendliche Runde gingen, beobachteten wir in seinem kleinen Dorf ein sonderbares Phänomen.

Am Himmel direkt über einem Tennisplatz war ein riesiger Kreis zu sehen. Er hatte einen Durchmesser von zirka 500 Metern. Die Wolken zogen auf den Kreis zu, der sich am Rand etwas heller abzeichnete, und bewegten sich dann um den Kreis herum. Wir beobachteten dieses Schauspiel, und er fragte mich, wie so etwas möglich sei. Auch ich hatte so etwas noch nie gesehen.

In diesem Augenblick sah ich vor meinem inneren Auge eine Sendeanlage, die dieses Magnetfeld verursachen könnte. Ich war mir aber nicht sicher und antwortete daher nur: »Ich habe keine Ahnung.«

Einschub

PSI-Agenten begnügen sich in der Regel nicht damit, Naturschauspiele passiv zu bewundern. Schon in den nächsten Sekunden versuchen sie jedem beobachteten Phänomen auf den Grund zu gehen.

Schon jetzt war mir klar, daß es sich um irgend etwas handelte, das die Zukunft verändern würde. Ich beschloß, dieses Phänomen bei Gelegenheit nochmals zu untersuchen. Er schien mit meiner Antwort überhaupt nicht zufrieden, aber während wir mit den Augen dem Schauspiel am Himmel folgten, gelang es mir trotzdem, das Gespräch wieder auf die Indianer zu lenken. Er war traurig darüber, wie sie heutzutage leben mußten, und es gefiel ihm nicht, daß der Raum, in dem sie lebten, so klein geworden war. Mit meiner Fähigkeit, so erklärte er mir, würde ich bei den Indianern als »Wolfsmensch« gelten, da ich ausdauernd jagte, ohne aufzugeben. Auch der Eule, dem lautlosen Nachtjäger, ähnelte ich aus Indianersicht. Folglich wären das Namen, die ich bei den Indianern bekommen würde.

Zu diesem Zeitpunkt wußte ich, daß ich meinem Ziel schon sehr nah war. Ich saß häufig am Strand und versuchte den Kontakt zu der gesuchten Person herzustellen. Dann endlich erkannte ich den Weg zu ihr. Zwischen der Person und mir standen zwei Frauen – nicht in Form einer Freundschaft, aber ich kannte eine der beiden Frauen, die Person kannte die andere Frau, und die Frauen kannten sich untereinander.

Jetzt kam es nur noch darauf an, die Frauen zusammenzubringen, und zwar in einem Moment, wenn auch ich zur Verfügung stand. Vorher mußte ich die beiden Frauen natürlich noch identifizieren.

Die eine der beiden, das wurde mir sehr schnell klar, war Lika, die Sekretärin des Ingenieurs, bei dem ich mich derzeit aufhielt. Wer aber war die andere Frau? Vor meinem inneren Auge sah ich eine Frau aus dem Umkreis meines Gastgebers und dann den Gesuchten selbst.

Daraufhin sprach ich mit Lika und erzählte ihr, wen ich suchte. Ich erzählte ihr die ganze Geschichte und beschrieb ihr eine Frau, die sie kennen müßte, zirka eins fünfundsiebzig groß, schlank, grau-schwarze Haare und wahrscheinlich in einem medizinischen oder verwandten Beruf tätig.

Diese Frau zu finden war nun nicht mehr schwer. Sie heiße Anna, teilte mir Lika mit, die mir auch Annas Adresse gab. Der Rest der Arbeit war dann schnell getan. Ich konnte den Kontakt zu ihr herstellen, mit ihrer Hilfe die gesuchte Person identifizieren, und mein Auftrag war ausgeführt.

Aufklärung von Wirtschaftskriminalität

Zur Aufklärung von Wirtschaftskriminalität werden die besten PSI-Akteure gerade in letzter Zeit verstärkt herangezogen. Der hier berichtete Fall hat folgenden Hintergrund: Vor einiger Zeit verursachte ein britischer Broker in Singapur seiner englischen Heimatbank einen Milliardenverlust durch Fehlspekulationen an den asiatischen Börsen. Unsere Geschichte beginnt vor Aufdeckung der Verluste, etwa zu dem Zeitpunkt, als man in der Londoner Zentrale der Bank merkte, daß etwas nicht stimmte.

An einem Sommertag klingelte das Telefon irgendwo in einem kleinen malerischen Dorf nahe Avignon, wo der betreffende PSI-Akteur seit Jahren lebt. Seine Telefonnummer gehört zu den Geheimtips des endenden 20. Jahrhunderts. Der PSI-Profi hebt ab und hört am anderen Ende der Leitung die Stimme eines ihm bekannten Wirtschaftsbosses, für den er seit Jahren hin und wieder arbeitet.

Nach den üblichen Einleitungsfloskeln kommt der Anrufer zur Sache: »Hören Sie, jemand will Sie fest einstellen. Er wird Ihnen ein gutes Gehalt zahlen, und Sie bekommen ein Büro, einen Dienstwagen und alles, was Sie sonst noch benötigen, gestellt.«

Der PSI-Akteur reagiert gelassen: »Was erwartet Ihr Bekannter von mir, was soll ich dafür tun?«

»Er möchte, daß Sie ihm künftig in unklaren Situationen beratend zur Seite stehen und Hinweise geben. Was er praktisch sofort von Ihnen will: Er möchte Sie testen. Sie sollen ihm drei Fragen zur Loyalität seiner Mitarbeiter beantworten.«

Der Angerufene ist nicht besonders überrascht, denn das ist ein ganz typisches Anliegen, wenn man einen PSI-Akteur engagieren will: Man schickt einen Vermittler vor, der die Bereitschaft zur Zusammenarbeit abklärt, bevor man selbst aus der Anonymität hervortritt. Bei den Kapitaleignern und in den Vorstandsetagen wächst die Unsicherheit hinsichtlich der Loyalität ihrer Mitarbeiter aus dem Topmanagement. In der heutigen Zeit ungeheurer Kapitalballung und globaler Transaktionen kann jede Sicherung ausgehebelt werden. Das gilt vor allem für Mitarbeiter aus dem Topmanagement, denen man für ihre Arbeit einen beträchtlichen Spielraum einräumen muß. Zum Problem wird dieser Spielraum, wenn sich eine Konstellation ergibt, in der ein Topmanager eine bis dahin übersehene Aktionslücke für sich persönlich ausschlachten kann.

Bei Kuchen und Kaffee erzählte mir der PSI-Akteur auf der Terrasse seines Hauses von diesem Fall. »Wie sollte ich mich verhalten? Ich dachte einen Augenblick nach, denn ich sah meine Zukunft und wußte im voraus, daß ich diesen Job mit Auto und Büro auf keinen Fall bekommen würde. Dennoch antwortete ich: ›Okay, was soll ich tun?‹ Zugleich nahm ich im PSI-Bereich wahr, was er dachte. Ich

sah bereits die Person vor mir, um die es ging, und erkannte, daß diese Person Englisch und Französisch spricht
und gute Umgangsformen hat, aber charakterlich nicht
ganz einwandfrei ist.«

»Nun ja«, wandte ich ein, »wer ist charakterlich schon
so einwandfrei, daß er die Prüfung durch deine Röntgen-
augen bestehen kann? Ich habe dir schon oft gesagt, daß
ich mir hier immer so vorkomme, als ob ich nackt vor dir
auf der Terrasse sitze.«

Er lachte. »Na ja, ich meinte, über das übliche hinaus,
das man jedem als Bonus von vornherein einräumt. Aber
paß auf, wie die Sache weiter gelaufen ist.

Ich sah also die Person, in deren Auftrag ich angerufen
worden war. Der Betreffende war ein leidenschaftlicher
Jäger und bewohnte ein altes Anwesen. Grasland umgab
sein Haus. Wege, die durch Steine begrenzt sind, fielen
mir auf, landschaftlich schön, aber ein recht rauhes Klima.
Eine Insel. Ich roch das Meer.«

»Ich tippe auf Irland«, meinte ich, denn ich hatte selbst
kurz vorher mit den engen, von Steinen begrenzten iri-
schen Wegen so meine Erfahrungen gemacht und mir die
linke Seite meines Autos aufgeschrammt.

Nicht zu voreilig, mahnte mein PSI-Freund. »Beim Um-
herschweifen im Geiste merkte ich, daß die Insel, auf der
sich dieses Anwesen befand, recht groß sein mußte. Spontan kamen mir Neuseeland und Schottland ins Bild. Auf
die ganz schnelle tippte ich auf Schottland.«

(Der Leser möge sich vergegenwärtigen, daß der PSI-
Akteur diese Überlegungen in der kurzen Pause anstellte,
die entsteht, wenn sich am Telefon zwei Gesprächspartner
nicht einig sind, wer als nächstes spricht! Es war also eine
blitzschnelle Analyse.)

»Der Anrufer schloß mit der Bemerkung, er werde dem
Interessenten also sagen, daß ich an dem Job interessiert

sei. Sobald er mehr wisse, werde er mich noch einmal anrufen. Nach diesen Worten verabschiedeten wir uns, und er legte auf.

Na, du weißt ja«, fuhr der PSI-Akteur zu mir gewandt fort, »wie das zu sein pflegt: Solche Anrufe machen mich so neugierig, daß ich umgehend herausbekommen muß, was dahintersteckt. Als nächstes fing ich sofort an, die Person, die mir einen Job versprach, zu lokalisieren.«

Seine eigentliche PSI-Recherche hat auch dieser Akteur freundlicherweise zu Papier gebracht. Hier also sein Bericht:

Während sich mein Gehirn auf den potentiellen Auftraggeber einstellt und seine Gehirnmuster sucht, um einen PSI-Kontakt herzustellen, frage ich mich wieder einmal: Warum mache ich das eigentlich?

Nun gut, ein bißchen Training am Rande kann nie schaden, denke ich, und ein Job wäre nicht schlecht, beginne ich in bürgerlichem Geist zu sinnieren. Dabei kenne ich ja das Tagebuch meiner Zukunft, und doch mache ich mir einen Spaß daraus, die Daten und Ereignisse immer wieder zu überprüfen, indem ich absichtlich etwas anderes zu tun versuche. Der Anrufer hatte gesagt, daß ein längerfristiger Job für mich drin sei. Ich dagegen weiß, daß das nicht stimmen kann, sonst würde eine Kette von Vorkommnissen aus meiner Zukunft, von denen ich schon wußte, für mich nicht mehr passen ...

Trotzdem habe ich weitergearbeitet und kann nun die Person, die an mir Interesse zeigt – besser gesagt, das Gehirn – identifizieren. Deutlich habe ich den Raum vor Augen, um den es bei dem Problem geht bzw. in dem die Person sitzt oder sich häufig aufhält.

Bevor ich mich weiter auf diesen Raum konzentriere, bin ich neugierig auf die Fragen, die er mir stellen wird.

Ich sehe ein Bürohaus. Ich spüre mehr, als daß ich sie sehe, Bücher. Außerdem Unterlagen: Buchhaltung, Schriftverkehr. Aber irgend etwas wird hier nicht stimmen. Sonst bräuchte man mich nicht. Und die Gehirnmuster der betreffenden Person beschäftigen sich mit diesem Raum.

Nun versuche ich mich ganz neutral zu verhalten und fühle Angst. Also gehe ich dieser Angst nach: Wo kommt sie her, von wo geht sie aus?

Am Ende dieser Spur finde ich eine Person. Sie ist weiblich, und sie hat Angst. Sie ist schlank und trägt ein Kostüm. Nun sehe ich, daß sich diese Person in der Nähe eines Büros befindet, in dem Gehirnmuster aus Gesprächen sind, wie sie bei Mitgliedern eines Aufsichtsrates oder einer Geschäftsleitung geführt werden. Hier ging es um Finanzfragen, Investitionen oder Kredite, etwas in der Richtung, auch wenn mir die Einzelheiten noch nicht ganz deutlich sind.

Ich stelle jetzt die Frage: Warum hat diese Frau Angst und wovor? Das heißt also, ich folge nun der Spur, die von ihr ausgeht und zu dem Grund ihrer Angst führt.

Daraufhin sehe ich, daß aus einem Drucker Endlospapier läuft. Was ist mit diesem Endlospapier? lautet meine nächste Frage.

Endlose Zahlenreihen. Ich frage: Wozu gehören diese Zahlenreihen?

Daraufhin erscheinen Stapel von Papieren, die ich in meinem Kopf fokussiere. Jetzt wird die Sache schwieriger, aber schließlich ist mir klar: Es scheint sich um eine Art Aktien oder Wertpapiere und ähnliches zu handeln.

Aber ich habe immer noch nicht erkannt, warum die Frau Angst hat. Also frage ich: Was ist falsch daran, warum hat die Frau Angst?

Auf einmal sehe ich einen Konferenzraum. Er ist mit hohen Vorhängen ausgestattet; der Stoff fühlt sich weich an und scheint nicht billig gewesen zu sein. Mehrere Personen waren oder sind im Raum. Ich frage: Wer von diesen Leuten hat auch Angst?

Die Personen ändern ihre Farbe. Am auffallendsten ein Mann, der nun rot und gelb erscheint. Er hat kurze Haare, ist relativ jung, trägt einen Anzug aus feinem Stoff und Schuhe von guter Qualität. Ich spürte seine Geldgier ... und er steht im engen Kontakt zu der Frau, die Angst hat.

Nun schaue ich mir den Typ etwas näher an, schalte mich mit meinem Gehirn in seine Telefongespräche ein und suche seine Gespräche ab. Was ich finde, sind weltweite Kontakte im Finanzwesen, zu Banken in aller Welt. Er ist Mitglied in Clubs, politisch indirekt aktiv. Er hat kaum richtige Freunde, viele Leute haben an ihm nur wegen ihrer Geldangelegenheiten Interesse.

Das also ist mein potentieller Auftraggeber.

Nun zieht mein Gehirn alles an Informationen heraus, was zu finden ist, um eine grobe Übersicht zu bekommen. Schließlich ist klar, daß der Mann nach Fehlern im Buchungsbereich, nach den Verursachern und dem Verbleib der fehlenden Gelder sucht. Zur Zeit hat er nur einen vagen Verdacht und will durch mich herausfinden, was an seiner Vermutung richtig oder falsch ist, so das Resümee dieses Teils meiner Recherche.

Ich sehe Unruhen um den Mann herum. Es ist ein politisch instabiles Gebiet, das ihn beunruhigt.

Jetzt will ich nochmals zurück zu der Frau. Ich rufe

die weibliche Person auf, die Angst hat, versetze mich in ihre Lage und sehe durch ihre Augen.

Die Akten beängstigen sie. Das Stichwort »Asien« erscheint. Eine weitere Person taucht in ihrem Kopf auf. Diese Person spekuliert an der Börse, schiebt Gelder hin und her. Die Person ist unruhig und schwitzt. Es ist ein Mann. Die Personen um ihn herum sind Asiaten.

Dann taucht der Eiffelturm auf. Wieder ein Geschäftshaus: eine Bank. Ich sehe Papiere, und mir wird langsam klar, daß es um Banken und deren Handlungen geht.

Die Frau sieht einen grauhaarigen Mann an. Der Mann ist gepflegt, leicht vollschlank. Ich setze mich in sein Blickfeld. Er hat kein Vertrauen zu den ihn umgebenden Personen. Er gehört mehreren Clubs an. Da scheint ein dunkler Fleck in seiner Vergangenheit zu sein, aber das ist für mich jetzt uninteressant.

Der Mann fühlte sich unbehaglich. Er merkt, daß da etwas ist, aber er kann es nicht lokalisieren. Er kann mich nicht zurückverfolgen, denn er hat seine eigenen PSI-Fähigkeiten noch nicht erkannt.

Da springt sein Gedanke in einen Club. Ich lasse mich auf dem Gedanken treiben. Dicke Ledersessel werden sichtbar, es sind nur Männer anwesend. Die Einrichtung ist sehr gediegen, altehrwürdig. Ein Kamin ist zu sehen, der Rauch von Zigarren umgibt mich. Ein Butler kommt ins Bild. Ganz klar, er denkt an seinen Club, es ist also nicht Neuseeland, sondern England.

Eine Eisenbahnanlage zieht meine Aufmerksamkeit auf sich. Aber ich kann mit diesen Informationen nichts anfangen. Die Gedankensprünge vollziehen sich nun in schneller Folge. Die Eisenbahnanlage ist sehr groß. Die Züge verschwinden auf der linken Seite in einem Gebirge. Ich folge dem einfahrenden Zug in den Tunnel. Es wird dunkel. Der Zug fährt geradeaus. Ich fühle, daß die Anlage gleich zu Ende sein muß. Kurz vor dem Ende der Anlage ist eine Weiche. Der Zug macht eine Kurve nach rechts und holpert über die Weiche. Links von mir ist die Außenwand der Anlage. Der Zug bleibt im Dunkeln. Wieso ist da eine Weiche? denke ich. Ich gehe in Gedanken zu der Weiche zurück.

In meinem Kopf stelle ich die Weiche auf geradeaus und fahre auf den Schienen in der Dunkelheit weiter. Ich spüre die Außenwand auf mich zukommen, pechschwarz. Ich spüre Kälte. Meine Geschwindigkeit nimmt zu. Eine zweite Wand taucht auf, ebenfalls schwarz. Ich durchdringe sie. Die Rückseite der Wand ist weiß. Im Tunnel ist jetzt alles weiß.

Helles Licht wird am Ende des Tunnels sichtbar. Die Geschwindigkeit nimmt wieder ab. Als ich aus dem Tunnel komme, sehe ich die gleiche Anlage, nur ist alles mit Schnee bedeckt. Die Bäume, die Häuser, einfach alles mit Schnee bedeckt. Was für ein Anblick! Ich sehe mich um und frage mich: Was haben diese Banker mit Eisenbahnen zu tun? Oder hat einer von ihnen ein Hobby im Eisenbahnbereich? Oder denkt er, daß seine Mitarbeiter alle einen seiner Züge ziehen?

Züge können, je nach der Person, die daran denkt, völlig verschiedene Bedeutungen haben. Schnee und Kälte bedeuten oftmals, daß es dort nichts gibt, daß dort etwas zu ignorieren ist oder vorübergehend bedeckt sein soll. Ich breche den Kontakt ab, meine Neugier ist jetzt gestillt. Es geht hier wieder einmal um das Übliche: Geld und Loyalität.

Nach einigen Tagen meldet sich der Anrufer erneut. Er gibt mir eine Telefonnummer und nennt den Namen der Person, die ich anrufen soll. Es ist eine

Durchwahlnummer, betont er und bittet mich, an einem bestimmten Tag, zu einer bestimmte Uhrzeit anzurufen.

Die Telefonnummer ist aus Großbritannien. Die Landschaft und die Umgebung, die ich vorher eruiert habe, passen also ins Bild.

Als der Tag gekommen ist, an dem ich anrufen soll, habe ich mich sorgfältig vorbereitet, um keine Fehler zu machen – vor allem nicht selbst zu denken, um nicht willkürlich Dinge hinzuzufügen, die nicht in die Szene gehören.

Einschub

Wie alle erfahrenen PSI-Akteure wissen, kann ein eigener Gedanke oder die Gedankenbahn eines anderen die Richtung und die Dinge so verändern, daß die Informationen falsch werden können.

Ich wähle die Nummer. Der Mann am anderen Ende spricht englisch. Er ist höflich und sehr skeptisch. Ich stelle mich kurz vor und sage dann: »Sie wollten mir drei Fragen stellen.«

Bevor er antworten kann, spreche ich weiter: »Die erste Frage ist wohl die nach der Loyalität innerhalb Ihrer Geschäftsleitung. Meine Antwort: Um diese Loyalität steht es nur bedingt gut. Fast jeder dort hat nur deshalb Interesse an Ihnen, weil Sie Geld und Macht haben. Wenn es Ihnen darum geht, lassen Sie alle großen Transfers von einer unabhängigen Kommission prüfen. Das Ergebnis wird Ihnen zeigen, daß es mit der Loyalität nicht weit her ist. Aber die Frage nach der Loyalität ist in Ihrem Fall nicht entscheidend. Entscheidend ist vielmehr die zweite Frage, die ich für Sie so vorformulieren will: Welche Personen sind eine Gefahr für Ihr Unternehmen?«

Ich höre, wie er am anderen Ende der Leitung schwer atmet. Irgend etwas hat ihn bereits massiv getroffen, ohne daß wir in Details gegangen wären. Auf ein solches Gespräch war er offenbar nicht vorbereitet. Ich weiß praktisch nichts über den Mann, dennoch tut er mir jetzt schon leid, denn wer sich an einen von uns wendet, ist meistens schon am Rand der Verzweiflung.

Als nächstes beschreibe ich ihm die Personen in seiner Geschäftsleitung und füge den Mann aus Asien hinzu. Mein Gesprächspartner bleibt stumm. Traurigkeit breitet sich in ihm aus. Das löst bei mir eine Art Hilflosigkeit aus, denn ich kann ihm nicht sagen, daß ich seine Gefühle wahrnehme. Er bricht kurz darauf mit wenigen höflichen Worten das Gespräch ab und legt auf.

Ich fühle keinen Zorn. Der Mann hat Angst bekommen, da er befürchtet, ich könnte zuviel über was auch immer in Erfahrung bringen.

Einige Tage später habe ich den Vermittler dieses Gesprächs wieder in der Leitung. Er sagt: »Sie haben den Mann schwer beeindruckt. Er möchte wissen, was genau der Mann in Asien gemacht hat.«

Ich antworte ärgerlich: »Was soll das? Es wird niemandem helfen, ich habe nichts davon, andere zu denunzieren. Wartet doch einfach ab, der Mann wird den Fehler selbst aus Versehen melden, und er wird auf einem Flughafen festgesetzt werden. Die Bücher des dortigen Büros sprechen für sich. Um die Transaktionen zu überprüfen, braucht ihr mich nicht, das macht euch jeder herkömmliche Experte. Aber da ist nichts mehr zu retten.«

Meinem Anrufer gefällt meine Reaktion nicht. Er

holt Luft und sagt: »Tun Sie mir bitte den Gefallen, rufen Sie nochmals auf der Insel an und erklären die Situation.«

Als er aufgelegt hat, ärgere ich mich darüber, daß ich mir überhaupt Gedanken um diese Angelegenheit gemacht habe. Für mich steht fest: Der Mann in Asien ist in Schwierigkeiten; er braucht Hilfe, um sich aus der Situation zu lösen; aber niemand kann ihm helfen.

Also rufe ich auf der Insel an und frage, als wir zur Sache kommen: »Haben Sie die Buchprüfung in Auftrag gegeben?«

Bevor er antwortet, sehe ich, daß die Vorbereitungen dazu schon laufen.

»Was wissen Sie über den Mann in Asien?« fragt mich der Mann am anderen Ende.

Das ist deine dritte Frage, denke ich mir und antworte: »Er hat sich verspekuliert. Prüfen Sie einfach die Kontenlage der Börsengeschäfte dort, die Buchungen sprechen für sich.« Es folgen noch ein paar freundliche Worte, dann legen wir wieder auf.

Einschub

Heute wissen wir, um welche Bank es ging und wie der unglückliche Spekulant hieß. Es vergingen übrigens noch Wochen, bis die ersten Meldungen von dem Mann in Asien publik wurden. Da war er bereits untergetaucht. Aber nicht einmal seine Flucht gelang ihm, wie auch aus dem Schlußstück unseres PSI-Reports hervorgeht.

Während der Mann aus Asien verschwunden scheint, meldet sich eines Tages mein Anrufer von der Insel aus heiterem Himmel wieder bei mir und fragt mich, wo der Mann aus Asien abgeblieben sein könnte. Ich hatte zwischenzeitlich mein Honorar erhalten, war aber immer noch ärgerlich auf ihn. Daher sagte ich ihm nur kurz, der arme Tölpel werde an dem und dem Tag auf dem und dem Flughafen landen.

Einige Tage später wurde der Gesuchte im Flughafengebäude festgesetzt. (Die Lorbeeren seien den Behörden, die sich öffentlich damit schmückten, gern gegönnt.) Übrigens haben wir diesen Fall einige Zeit lang als Trainingsmodell benutzt.

Wer über gute PSI-Fähigkeiten verfügt, kann diesen Fall für sich überprüfen und sehen, was er an Details findet, die ich hier bewußt nicht weitergegeben habe. Ganz so einfach war die Sache nämlich nicht. Der Mann in Asien hatte noch einen bestimmten Kontakt. Um diesen Kontakt ging es. Er schweigt, die betroffene Bank schweigt – und wir sollten auch schweigen.

Auf diplomatischem Parkett

Das Hauptfeld der Aktivitäten von PSI-Gruppen in Staatsdiensten ist seit etwa 15 Jahren ein Bereich, an den man schwerlich als erstes denkt. Die wichtigste Frage, die man den PSI-Akteuren hierbei vorsetzt, lautet: Durch welches diplomatische Verhalten könnte der betreffende Staat (also der Auftraggeber) einen politischen Führer eines anderen Staates in innenpolitische Schwierigkeiten stürzen?

Der Hintergrund ist leicht erklärt: Aus der Sicht einer Regierung ist es oft besser, einen zwar starken und unbequemen, aber berechenbaren Politiker, den man seit Jahren kennt, an der Spitze eines anderen Landes zu wissen als einen unberechenbaren schwachen Nachfolger. Also muß alles getan werden, damit der starke Mann international nicht sein Gesicht verliert und im eigenen Land nicht geschwächt wird.

Die Praxis scheint diejenigen, die solche PSI-Einsätze lenken, gelehrt zu haben, daß es nützlich ist, minutiös alle Gespräche in der Umgebung des betreffenden Politikers und seiner Opposition bzw. der Verräter in seiner Umgebung telepathisch mitzuhören. So kann man rechtzeitig erkennen, wer mit welcher diplomatischen Intrige oder innenpolitischen Entscheidung dem Zielobjekt schaden könnte. Auf der Basis dieser Informationen versucht man sodann, all diesen unerwünschten Entwicklungen gegenzusteuern.

Militärische Einsätze

PSI-Befähigte, die militärischen Sicherheitsbestimmungen unterliegen und über ihre Arbeit nicht berichten dürfen, sind wohl eher als PSI-Agenten, PSI-Spione oder PSI-Saboteure zu bezeichnen. Die Budgetmittel zur Bezahlung solcher Aktivisten im Dienste der Staatsmacht sind in den Haushalten demokratisch regierter Länder bestens versteckt. Dagegen steht man in totalitär regierten Staaten eher vor dem Problem, die eigenen übersinnlichen Akteure bei Laune zu halten und dafür zu sorgen, daß sie sich nicht unter das Volk mischen können. Meist sind die professionellen PSI-Kräfte an entlegenen Orten interniert, wo man sie wie in einem golden Käfig hält.

Die Aufgaben der PSI-Agenten in der westlichen Welt sind im militärischen Bereich sehr vielseitig. Entgegen der Ansicht von Laien werden sie nur selten für Spionageaufträge eingesetzt, bei denen man vielmehr hand- und hiebfeste Typen bevorzugt. Die Aufgabe der PSI-Profis ist es dagegen, bei der Planung mitzuarbeiten. Man läßt sie in

Gruppen beispielsweise den Einsatz »normaler« Agenten durchspielen und erwartet von ihnen »Denkanstöße« im Hinblick auf mögliche Schwierigkeiten, Pannen oder auch Personen, welche (bewußt oder unbewußt) die Identität aufdecken könnten. Umgekehrt kommt es auch vor, daß der Auftraggeber Hinweise auf bis dahin unbekannte Personen wünscht, die den Agenten begegnen und – wiederum bewußt oder unbewußt – mithelfen könnten, den Auftrag zu erledigen.

Area 51

Ein PSI-Akteur wurde einem Wissenschaftler zugeteilt, der den scheinbar unsinnigen Auftrag hatte, im Bereich der weltberühmten US-Forschungsstätte Area 51 den Wüstensand zu untersuchen. Das Team schien bunt zusammengewürfelt: Geologen und Chemiker usw. arbeiteten mit Abenteurern, Fährtensuchern, Maurern, Elektrikern oder Piloten zusammen.

Die Aufgabe bestand darin, ein Labor einzurichten und Bodenproben zu sammeln. Der PSI-Akteur sollte alle Informationen, die irgendwie bedeutsam sein konnten, dem leitenden Wissenschaftler melden. Dem Team wurde er als Assistent dieses Professors vorgestellt.

Hier sein Bericht:

Wir sind mit geländegängigen Pick-ups und zwei Vierrad-Bikes ausgestattet. Um uns herum ist eine salzige und sehr steinige Wüstenlandschaft. Die verbliebenen Gräser sind vollkommen verdorrt. Wir haben eine Art Camp am Rand der Wüste bezogen, und der Teamleiter hat ein Büro in einem entfernt gelegenen Dorf. Das Camp besteht aus einer alten Wellblechhalle am Rand eines Wasserlaufs. Obwohl es hier Wasser gibt, ist der

Boden für Pflanzen so ungünstig, daß nichts grün ist. Ich frage mich, wie hier überhaupt Sträucher und Gräser hingekommen sind.

Wir fahren zu zweit über die Straßen in der Wüste, die endlos zu sein scheinen. Der Sand trägt weißes Salz und andere Mineralien, die dann in der Sonne wie Schnee erscheinen. Das Vierrad schaukelt auf der Ladefläche. Weit und breit keine Menschenseele. So fährt man den Bergen entgegen.

Am Himmel kreisen lautlos Greifvögel. Man findet hellgrüne Flechten, die auf den Steinen wachsen, direkt neben tief dunkelroten Flechten. Auf diesen sogenannten Wegen, die wir benutzen, ist ewig niemand gefahren. Die vertrockneten Gräser stehen senkrecht auf der Fahrspur, von niemandem vor uns umgeknickt. Unterwegs finden wir bizarre Gegenstände, wie alte verrostete Maschinenteile oder ein verrostetes Tor, das völlig sinnlos in der Wüste steht.

Abbildung 3: Blick auf die legendäre Forschungsstätte Area 51, wo der PSI-Akteur eine spektakuläre Entdeckung machte.

Abbildung 4: Mit diesem Jeep waren der PSI-Akteur und sein Begleiter in der Wüste unterwegs; auf der Ladefläche das Vierrad-Bike.

Abbildung 5: Area 51 – scheinbar sinnlos steht ein verrostetes Tor mitten in der Wüste.

Plötzlich sehen wir auf dem Boden vor uns den Schatten eines riesigen Flugzeugs. Abrupt bremse ich und schalte den Motor aus. Es ist aber kein Maschinengeräusch zu vernehmen. Wir steigen aus und sehen uns um, doch wir können kein Flugzeug am Himmel finden, das zu dem Schatten gehörte. Es ist nichts zu sehen, nur strahlend blauer Himmel. Der Schatten verschwindet langsam. Nach einiger Zeit sehen wir erneut, wie der Schatten seine Runde am Boden dreht, und dennoch können wir weder ein Geräusch noch ein Flugobjekt ausmachen. Wir sind beide erstaunt. Keiner von uns hat je so etwas gesehen. Der Größe nach zu urteilen, muß das Objekt, das den Schatten warf, die Größe eines Jumbos aufgewiesen haben, der sehr niedrig über unseren Köpfen flog.

Das Ding hat mich einigermaßen verwirrt. Mein Begleiter, der nichts von PSI-Fähigkeiten weiß noch wissen will, hat den Schatten ebenso wie ich beobachtet. Es war also kein Phänomen, das nur ich allein aufgrund meiner paranormalen Talente hatte sehen können.

Nach unserer Rückkehr berichte ich dem Teamleiter von unserer Beobachtung. Der Professor wird sehr nachdenklich, er erinnert sich, schon viele Geschichten über dieses Gebiet und über sonderbare Dinge gehört zu haben, die hier zeitweise vorgingen. Er sagt aber weiter nichts dazu.

Abends, als wir kurz allein sind, raunte er mir zu: »Das heute war der eigentliche Grund, warum du dabei bist. Wir wollen wissen, ob du Gehirnmuster identifizieren konntest.«

»Nein«, sage ich, »sonst wäre ich ja nicht so erstaunt gewesen."

Aber mein Interesse ist geweckt. Darum also geht es hier: um unsichtbare Flugzeuge, um echte Tarnkappenflugzeuge, die nicht nur für das Radar unsichtbar sind. Und das also ist mein Auftrag: Ich soll prüfen, inwieweit PSI-Agenten diese Flugobjekte orten können!

Am nächsten Tag sind wir wieder unterwegs, um Sand, Gesteins- und Bodenproben für das Labor einzusammeln, als ich plötzlich Gehirnmuster spüre. Wir sind zu zweit, und mein Begleiter befindet sich in keiner Phase besonderer emotionaler Erregung. Die Muster stammen also auf keinen Fall von ihm.

Ich halte an. Wir steigen aus und suchen mit unseren Ferngläsern die Gegend ab. Nichts zu sehen, nichts rührt sich. Aber die Gehirnmuster sind vorhanden! Also befindet sich etwas unter der Erde?

Wir sind in einer hügeligen Wüstenlandschaft, allerdings mehr am Rand der Sandeinöde, da kann durchaus etwas in die Erde hineingebaut worden sein. Alles rings umher weist Sandfarben und Brauntöne auf. Nichts Besonderes zu sehen, dabei ist die Sicht deutlich und klar.

Ich habe das Fernglas längst meinem Kollegen überlassen und versuche die Richtung zu bestimmen, aus der die Gehirnmuster kommen. Da fällt mir ein sich bewegendes Objekt auf, dessen Farbe genau dem Wüstenton entspricht.

»Gut getarnt«, sage ich und deute in die gemeinte Richtung, um meinen Kollegen aufzufordern, mit seinem Fernglas in diese Richtung zu sehen. PSI-mäßig kann ich nun die Umrisse eines Sattelzugs erkennen, dessen Farbe sich dem Untergrund anzupassen schien. Eine Art Chamäleoneffekt. Und wie sich mein Kollege auch mit dem Fernglas abmüht, er sieht nichts.

Als wir wieder im Camp sind, erklärt mich mein Begleiter zum Spinner, weil ich ohne Grund in der Wüste so einen Aufstand gemacht hätte. Was soll ich dazu sagen? Dem Professor berichte ich, was ich beobachtet habe. Er nickt und sagt: »Du warst gut.«

Ist es die Hitze des Tages, der Wasserverlust oder was auch immer – auch ich habe Emotionen, und auf einmal reizt es mich, den Professor zu provozieren. Blitzschnell versetze ich mich in einen Zustand höchster Konzentration und versuche nun das Gefährt näher zu sehen. Ich beschreibe es ihm:

»Es scheint ein handelsüblicher Fernlastzug zu sein, mit langer Schnauze und einem langen Container. Im Container befinden sich etliche elektronische Geräte, die an den Seitenwänden angebracht sind. Auch flache Platten sind zu sehen, verbunden mit Kabeln, die zu Kameras im Außenbereich des Fahrzeuges führen, und mit Sensoren gekoppelt. Die Kameras nehmen die vor dem Laster liegende Landschaft auf, und ein Rechner macht ein Bild daraus. Die Monitore zeigten das Originalbild und das etwas verschwommener reproduzierte Bild. Ein Rechner gibt diese Informationen über Kabel weiter.

Ich versuche die Kabel anzufassen, um zu spüren, woraus die Informationen bestehen. Es scheint mir, als würden elektrische Impulse durch die Kabel laufen. Diese Kabel enden in eine Art Platine, die gewisse Ähnlichkeit mit Solarzellen hat. Etliche solcher Zellen sind über den ganzen Lastzug miteinander verbunden. Sie werden präzise von dem Rechner angesteuert und ändern die Farbe entsprechend den vorher aufgezeichneten Landschaftsbildern. Je nach Geschwindigkeit, mit der sich der Lastzug bewegt, läuft dieser Vorgang mal schneller und mal langsamer ab.«

Der Professor hört mir schweigend zu, als ich weiterspreche:

»Nach den Innenausbauten zu urteilen, handelt es

sich um einen Prototyp. Die Besatzung im Lastzug besteht aus einer Frau und zwei Männern sowie dem Fahrpersonal. Daher die Gehirnmuster, durch die ich die Anwesenheit des ungewöhnliche Dings identifizieren konnte.

Der Sattelauflieger hat auf der rechten hinteren Seite eine Tür. Auf dem Dach befindet sich eine Antenne, die nicht für den einfachen Radio- oder Fernsehempfang gedacht ist. Ihre Leistung scheint mir über das normale Maß hinauszugehen. Den Sinn kann ich leider nicht verstehen, allerdings glaube ich zu erkennen, daß es mit Frequenzen zu tun hat, über die der Lastzug mit anderen Bodenstationen verbunden ist. Eine Verbindung zu Satelliten besteht, zumindest meinem inneren Eindruck nach. Doch die eigentliche Funktion dieser Antennen hat sich mir nicht erschlossen. Die Geräte im Lastzug deuten darauf hin, das man den Zug auch fernsteuern kann.«

Der Professor schweigt noch immer. Ich lauere zu ihm hinüber und analysiere ihn, ob er vielleicht ein Spion ist und ich hier in eine dunkle Sache hineingezogen werde. Mir scheint es, als ob er meine Gedanken erraten hätte. Er knurrt jedoch nur irgend etwas, das wie »verdammter Unsinn« klingt.

Nachts gehen mir noch einige andere Fragen durch den Kopf: Wie würde ein Radar auf ein solches Tarnkappengerät reagieren? Sind die für das Radar unsichtbaren Tarnkappenbomber womöglich kein Endprodukt, sondern nur die Lösung eines Teilproblems innerhalb eines Waffensystems, das derzeit entwickelt wird?

- Erster Schritt: für das Radar unsichtbar machen.
- Zweiter Schritt: für das menschliche Auge unsichtbar machen.

- Dritter Schritt: für die Gehirne unaufspürbar machen (nur bei bemannten Objekten erforderlich).

Ich versetze mich, so gut ich kann, nochmals in die Lage des fliegenden Objekts, das mir als erstes aufgefallen war. Das einzige, was ich feststellen kann, ist eine Vibration, die von dem Objekt ausgeht. Aus irgendeinem Grund kann ich weder herausfinden, wie diese Vibrationen erzeugt werden, noch wie der gesamte Tarnprozeß funktioniert. Ich kann mich nicht auf diese besondere Frequenz einstellen, so bleibt die Ursache leider ungeklärt. Ist das fliegende Objekt unbemannt oder sogar schon mental getarnt, d. h. unaufspürbar gemacht worden?

Mein Professor bleibt mir die Antwort schuldig. Okay, er wird schon wissen, warum.

Spionage

Ein weiteres, sehr breites Betätigungsfeld für PSI-Agenten ist die telepathische Ausspähung neuer Ideen, die in der Waffentechnik, in Strategie und Taktik zum Einsatz kommen könnten. Auch hierbei bewegen wir uns in der berühmten Area 51, über die so viel geschrieben wird, von der aber diejenigen, die dort oder an ähnlicher Stelle gearbeitet haben, ganz anderes berichten. Daß dort in erster Linie auch Wirtschaftsspionage per PSI-Einsatz praktiziert wird, wissen nur die wenigsten.

Im allgemeinen arbeiten mehrere Mitarbeiter in kleinen Gruppen von zwei bis fünf Personen unter der Leitung eines Führungsoffiziers indirekt zusammen. Die Führungsoffiziere tragen allerdings keine Uniformen oder militärische Kleidungstücke.

Entscheidend ist, daß die PSI-Akteure keinem direktem

Zwang oder Druck unterliegen. Um in diesem speziellen Bereich zu arbeiten, benötigen sie ein Maß an Freiheit und persönlicher Entfaltungsmöglichkeit, das in einem Militärcamp normalerweise nicht erlaubt werden kann. Diese Freiheit für PSI-Agenten wurde erst in den 60er Jahren eingeführt. Noch Hitler und Stalin hatten ihre PSI-Agenten in Lagern interniert, um sie besser überwachen zu können. Das führte jedoch zu bewußten und unbewußten Fehlinformationen durch die Betroffenen. Je freier sich der PSI-Agent fühlt, desto besser arbeitet er.

Die Aufgaben werden in den meisten Fällen aus der politischen oder militärischen Tagessituation heraus katalogisiert. Die Führung der PSI-Agenten, bei der alle Fäden zusammenlaufen, teilt diese Aufgaben nach den besonderen Fähigkeiten und Qualitäten auf die einzelnen Teams auf.

Einige Beispiele: Die Aufgabe eines Akteurs, der gut PSI-hören kann, wird darin bestehen, die Geräusche der zu suchenden Aktion oder Situation zu beobachten und katalogisieren. Wer dagegen darauf trainiert ist, gut zu PSI-sehen, wird die Aufgabe bekommen, die visuellen Details der zu erforschenden Aktion festzuhalten. So gibt es für jeden der fünf Sinne einen speziellen Mitarbeiter im Team – wobei alle PSI-Agenten alles beherrschen müssen, aber auf einen Aspekt besonders spezialisiert sind.

Zusätzlich werden weitere Spezialisierungen beachtet, so für das Lesen von Zahlen und Formeln oder von Schriften, Schriftstücken usw. Weiterhin gibt es Experten, die ihren Körper PSI-mäßig verlassen und direkt vor Ort den Dingen nachgehen können. Im Jargon spricht man davon, daß sie »Informationen ziehen«, d. h. sich in die Nervenbahn zwischen Auge und Gehirn eines vor Ort befindlichen Menschen einklinken und diese feinsten bioelektrischen Impulse mitlesen können. Dagegen trifft es nicht zu, daß sie in das Gehirn eines anderen eindringen und dort die bereits verarbeiteten Bilder »kopieren« könnten.

Bei der Arbeit eines solchen Teams spielt der Faktor Zeit nur in Ausnahmefällen, etwa bei völlig unerwartet eintretenden Ereignissen, eine Rolle. (Für solche Fälle stehen ganz andere PSI-Aktivisten zur Verfügung: Allroundkönner, die allerdings mit einer höheren Fehlerquote arbeiten.) Das Team soll nicht schnell sein, sondern ein möglichst exaktes Ergebnis abliefern.

Die verschiedenen Teams suchen getrennt ihre Informationen, die der Führungsoffizier zu einem Gesamtbild zusammenstellt. Seine Aufgabe ist es nicht zuletzt, seine Mitarbeiter von den Auftraggebern fernzuhalten, um Komplikationen zu vermeiden. Worum es dabei geht, zeigt das folgende Beispiel:

PSI-Arbeiter bewegen sich in ihrer eigenen Gedankenwelt, vergleichbar mit einem Schachbrett mit dreieckigen statt quadratischen Spielfeldern. Auch die Auftraggeber bewegen sich in einer eigenen Gedankenwelt mit – sagen wir – runden Spielfeldern. Da es sich um Militärs handelt, ist ihre Gedankenwelt daraufhin strukturiert, sofort jeden Feind niederzumachen. Der PSI-Akteur aber bemerkt leicht jeden Angriff, den Personen in Gedanken ausstrahlen, und kann jederzeit zwischen Gedanken und Worten einer Person unterscheiden.

Kommen nun Auftraggeber und PSI-Agent direkt zusammen, so kann es zu geistigen Auseinandersetzungen, Ablehnungen von Ideen usw. kommen – Konflikten, die allein den Charakterzügen der beiden entspringen. Solche mentalen Hahnenkämpfe können die Anliegen aller Beteiligten stören. Das ist der Grund, warum sich die Führungsoffiziere ganz bewußt vor ihre Mitarbeiter stellen bzw. sie von den Auftraggebern fernhalten.

Die PSI-Mitarbeiter ihrerseits versuchen, möglichst unerkannt zu bleiben. Denn auch wenn manch einer die beträchtliche Irritation, welche die Gegenwart eines übersinnlich Befähigten für die meisten »normalen« Menschen bedeutet, hinter Witzeleien zu verbergen versucht, werden die PSI-Befähigten doch vielfach als erhebliche Gefahr für die sogenannte »innere Sicherheit der Intimzone« jeder einzelnen Person angesehen. Wohl jeder scheut die Begegnung mit einem erprobten Spezialisten.

Kaum weniger problematisch sind übrigens die privaten Auskunftsersuchen. Nicht selten passiert es »enttarnten« PSI-Akteuren, daß man sie auf einem Empfang, einer Party usw. zur Seite nimmt und fragt: »Ich weiß, daß meine Frau mich betrügt – wie sieht ihr Liebhaber aus?« Der Gefragte befindet sich nun in einer sehr unangenehmen Situation, denn er liest im Gehirnmuster des Fragenden die Hoffnung, daß er sich geirrt haben möge. Die Hoffnung und die Realität sind zwei ungleiche Schuhe. Ein Schuh wird immer drücken!

Aber auch die PSI-Menschen selbst sind von Eifersüchteleien und Geltungsdrang nicht frei. Oft möchten sie sich einem hochrangigen Beamten oder einem Wirtschaftsboß besonders in Erinnerung bringen oder auffallen. Die Aufgabe des Teamleiters besteht darin, solche Tendenzen rechtzeitig zu erkennen und gegebenenfalls einzuschreiten. PSI-Akteure werden dann in der Regel versuchen, der Situation eine humorvolle Wendung zu geben. Gelingt dies nicht, so werden sie wütend, und dann kann es zu einer Konfrontation kommen. Ich habe solche unangenehmen Situationen in anderem Zusammenhang auf privater Ebene am Genfer See erlebt. Auf einen verbalen Angriff eines Unternehmers reagierte der angegriffene PSI-Akteur mit einer blitzschnellen Attacke auf eine Schwäche dieser

Person. Die versteinerten Gesichter der Anwesenden, die ihr spöttisches Grinsen verkneifen mußten, sehe ich noch heute vor mir.

Ein Teamleiter muß das absolute Vertrauen seiner Mitarbeiter haben, sonst bekommt er nicht alle Informationen, die der einzelne PSI-Akteur herausgefunden hat. Es ist nicht zu vermeiden, daß zum Beispiel bei der Vorrecherche zu einem Agenteneinsatz im Ausland Informationen aus dem privaten Bereich des eingesetzten Agenten ans Tageslicht kommen, die vielleicht besser im dunkeln geblieben wären. Diese »Dunkelinformationen« müssen vom Führungsoffizier gewichtet werden. Nur er bestimmt darüber, welche dieser Informationen in das Gesamtbild eingefügt werden. Für alle Beteiligten ist es sehr heikel, keinerlei Einfluß auf den Daten- und Informationsaustausch zu haben, der nach getaner Arbeit erfolgt.

Vergessen wir aber nicht, daß die PSI-Mitarbeiter kraft ihrer geistigen Fähigkeiten alle miteinander verbunden sind und somit notfalls ein automatischer Informationsaustausch in Sekundenschnelle möglich ist. Daher wüßten fast alle Gruppenmitglieder fast zur gleichen Zeit von einem eventuellen Informationsmißbrauch seitens eines Teamleiters. Im selben Moment wären auch alle an anderen Projekten arbeitenden PSI-Akteure so abgelenkt, daß ihre Arbeitsqualität rapide sinken würde. Nach meinen Informationen wurde in solchen Fällen das gesamte Team aufgelöst, und die beteiligten Akteure erhielten keine Regierungsaufträge mehr, sondern arbeiteten nur noch in der Wirtschaft. Ohnehin versuchen die Mitarbeiter staatlicher PSI-Einheiten nach einiger Zeit in Gefilde zu wechseln, wo sie weniger gegängelt und zu undurchsichtigen Zwecken mißbraucht werden können.

PSI-Agenten auf Kongressen

Warum bewegen sich auf internationalen Kongressen unbemerkt auch PSI-Agenten? An diesen Orten kommen Menschen, die in ihren jeweiligen Fachgebieten Geheimnisträger sind, zusammen, um sich auszutauschen. Und diese Personen, die über kostbares Wissen verfügen, pflegen ihre exklusiven Informationen nicht gerade freimütig zu verkünden. Wer also in Erfahrung bringen will, woran der Chemiker X derzeit wirklich arbeitet, könnte versucht sein, einen PSI-Agenten auf ihn anzusetzen.

Angenommen, der Chemiker erforscht Strukturveränderungen, die sich unter bestimmten Voraussetzungen in einem Molekül vollziehen. Auch wenn er kein Wort über seine geheimsten Überlegungen und die Ergebnisse seiner Testreihen verlauten läßt, trägt er sein Know-how doch mit sich herum.

Nun könnte man ihn praktisch von jedem Punkt der Welt »anpeilen«, wie es im Jargon heißt. Doch seine Gehirnaktivitäten bewegen sich ständig in einer Umgebung anderer Muster, so daß die Sache in der Praxis doch recht schwierig und oft ungenau bleibt. Auf Konferenzen, Kongressen und Zusammenkünften aber können PSI-Agenten (oft auch im Auftrag privatwirtschaftlicher Konkurrenten) die unverfälschten Gehirnmuster solcher Menschen aus erster Hand identifizieren. So spart man sich die kraftraubende geistige Suche nach diesen Gehirnen, die während des Kongresses allesamt wie Goldfische im Teich versammelt sind.

Ein Blick in die Zukunft

Unangenehm kann es für PSI-Akteure im Staatsdienst noch aus einem weiteren Grund werden: Andere PSI-Einheiten, zum Beispiel Teams eines fremden Staates, können im geistigen Gesamtsystem auf die gleichen Informationen zugreifen wie sie. Daher sind Informationen, ganzheitlich gesehen, durchaus nicht so geheim, wie sich die Staaten das wünschen. Vielmehr ist ständig ein PSI-Krieg im Gange, da beide Seiten den Zugriff auf Informationen, die ihre eigenen Angelegenheiten betreffen, zu verhindern suchen. Aus naheliegenden Gründen kann ich hier jedoch nicht auf die Frage eingehen, welche Möglichkeiten PSI-Akteure haben, sich vor Informationsabzug durch andere Einheiten zu schützen.

Der technologische Fortschritt von – staatlichen wie privatwirtschaftlich oder in der Forschung eingesetzten – PSI-Einheiten wird in der nahen Zukunft alles übersteigen, was sich ein Laie heute in seiner Fantasie ausmalen kann. Der Globalkriminalität in Wirtschaft und Politik wird künftig in Gestalt der PSI-Einheiten ein mächtiger Gegner gegenübertreten.

Auch hierzu ein Beispiel aus der Welt des Paranormalen:

Nehmen wir an, ein Team von Wissenschaftlern hat eine Grundlagenarbeit für eine Vernichtungsmaschine abgeliefert, neben der die Atombombe wie ein Knallfrosch wirkt. Über die normalen Kanäle der Spionage ist im Apparat einer totalitären Macht dieser Hinweis eingegangen, und es sind auch schon erste Details bekannt.

Die PSI-Mitarbeiter des totalitären Staates sollen nun Informationen aus den Köpfen der Wissenschaftler abziehen und nach und nach zu Papier bringen. Diese Akteure kennen die Zukunft ihres Landes und sehen den Einsatz eben dieses Kampfmittels durch und gegen ihr eigenes Land voraus.

Was nun? Wie soll sich die PSI-Gruppe in diesem Konflikt verhalten? Die Zukunft aufhalten? Und wenn ja, für wie lange kann ihnen das gelingen?

Beschließt man die zum Bau der Vernichtungswaffe erforderlichen Informationen zurückzuhalten, so werden andere diese Daten früher oder später in Erfahrung bringen. Dabei wird dann auch bekannt werden, daß die erste Gruppe die gewünschten Informationen unterdrückt hat.

Wie uns dieses Beispiel zeigt, dürfen wir von der unweigerlich kommenden »PSI-Aufrüstung« sicherlich nicht erwarten, daß das Leben auf dieser Erde weniger kriegerisch und weniger dramatisch wird.

III
Jenseits von Einstein

Neben den praktisch und professionell arbeitenden PSI-Akteuren, die entsprechend bezahlt werden, gibt es Gruppen, die sich mehr in der Freizeit mit Fragen beschäftigen, die zwar interessant sein können, für deren Beantwortung aber niemand sie honoriert. War noch in den ersten Jahrzehnten des 20. Jahrhunderts der »Eremit« unter den Sehern gefragt, so verläßt man sich heute nicht mehr auf die Fähigkeiten eines einzelnen. Vielmehr hat sich die Arbeit in Gruppen ähnlich Befähigter in der Praxis als ideal erwiesen.

Gerade wenn es darum geht, neue Ideen und Gedankenansätze zum Verständnis unseres Universum zu entwickeln, ist das Teamwork auch in anderer Hinsicht der Einzelvision überlegen: Die Gruppe sorgt für grundsätzliche Ernsthaftigkeit und läßt wenig Raum für Missionierungsabsichten, wie wir sie häufig bei isoliert arbeitenden PSI-Akteuren finden.

Wie oft habe ich schon erlebt, daß sich irgendwo ein paar Menschen zusammenfinden, um (mal wieder) die Welt von allem Bösen zu befreien. Trifft diese Gruppe nun auf einen kreativen übersinnlichen Geist, dann hat man schnell eine Handvoll faszinierender Theorien gefunden, die rasch zu einer neuen »Lehre« umgesetzt werden, aber meist genauso schnell wieder verschwinden, weil sie nicht haltbar sind.

Auch darum versucht man heute, übersinnlich Talentierte in Gruppen arbeiten zu lassen: Mehrere PSI-Akteure kommen zusammen und arbeiten sich, einander kontrollierend, gemeinsam in unbekanntes Terrain vor. Das Aufeinandertreffen mehrerer Menschen mit nachgewiesen guten übersinnlichen Fähigkeiten birgt natürlich auch alle Schwierigkeiten, die ebenso in »normalen« Gruppen auftreten: Terminprobleme fehlen sowenig wie Eifersüchteleien oder Schwankungen der Tagesform.

Gelingt es jedoch, mehrere Spezialisten gleichzeitig unter idealen Bedingungen an einem Ort zu versammeln, dann kann man manch interessantes Thema gemeinsam untersuchen. Oft trifft man sich privat, im Kreis gleich befähigter Arbeiter im Übersinnlichen. Dann werden Erfahrungen ausgetauscht, oder man berichtet von außergewöhnlichen Situationen, in die man geraten ist.

Manchmal geht es hierbei auch um Fragen von allgemeinem Interesse, zum Beispiel aus dem Grenzbereich zwischen Astrophysik und Philosophie. Im Prinzip sind es immer Fragen, die hart an der Grenze der heutigen Erkenntnisse angesiedelt sind. Etwas anderes wäre in diesen Kreisen uninteressant.

Vor kurzem ging es bei einem solchen Treffen um die theoretische Frage nach den Grenzen des Universums, eine seit altersher gern diskutierte und bis heute eher philosophische Frage. Das gekürzte und auf die wesentlichen Aussagen reduzierte Protokoll dieser Sitzung finden Sie auf den folgenden Seiten.

PSI-Akteure erforschen das Weltall

Als erstes wurde die Aufgabenstellung formuliert. Oft sind es banale Fragen und Antworten, die zur Einstimmung und Justierung eines PSI-Teams verwendet werden.

I

Dehnt sich das Weltall aus?
Wenn sich etwas ausdehnt, muß etwas anderes verdrängt werden.

II

Was soll verdrängt werden?
Wie groß ist das, was verdrängt?
Wie groß ist das, was verdrängt wird?

III

Wie groß ist das Weltall?
Welche Form hat das Weltall?
Ist es eine Kugel, wie die Erde?

IV

Wo befindet sich die Position der Erde wirklich?

V

Welche Rolle spielen wir?

Soweit die einleitenden Fragen, die (nicht unbedingt in dieser Reihenfolge) später im Laufe der Sitzung beantwortet werden konnten und eingangs zur Bestimmung der gemeinsamen Ausgangsposition dienten.

Sodann kommt es auch auf die Fragetechnik an. Nach allgemeiner Erfahrung wird man nur dann richtige, unverfälschte Antworten erhalten, wenn man richtig fragt. Eine jede solche Sitzung ist eine Herausforderung. Trotz aller Neugier wurden die ersten Fragen sehr vorsichtig formuliert.

Das Team bildeten hier drei PSI-Akteure. Sie sind im folgenden als A, B und C gekennzeichnet.

Wie groß ist das Weltall? Könnte man die Größe beschreiben?

A Wenn ich etwas gesehen habe, dann ist es nur eine subjektive Sichtweite, die weder heute noch morgen bewiesen werden kann.

B Im Grunde ist es vertane Zeit.

C Außerdem wird uns das sowieso keiner abnehmen.

A Das ist eher etwas für einen Zukunftsfilm.[3] Man würde uns als Spinner abtun.

C Einige Physiker denken ernsthaft darüber nach.

A Die diskutieren diese Idee nicht in der Öffentlichkeit.

C Hab' ich auch drauf.

A Die haben ein Modell, in dem die Beweise durch die Summe einiger Theorien geführt und erbracht werden.

B Die Antithese zur Bewegung des Alls ...

C Ja, innerhalb des Alls.

Der Moderator konnte anhand dieser einleitenden Sequenz erkennen, daß sich die drei paranormal »eingeklinkt« hatten und synchron zu arbeiten begannen.

---

[3] Anspielung auf die PSI-Teams in den USA, die Filmideen für Science-fiction-Filme liefern.

Warum wird darüber nicht in der Öffentlichkeit gesprochen?

A Die Akzeptanz seitens der Gesellschaft und ihre Toleranzgrenze werden durch diese Theorie überschritten. Die Beweise können nur durch Theorien dargestellt werden.

C Hab' ich auch, da ist mindestens ein Nobelpreisträger darunter.

A Die haben die Befürchtung, daß ihnen Forschungsgelder gestrichen werden.

B Ich sehe es die ganze Zeit schon: Die Hypothese ist ganz und gar nicht abwegig, scheint mir zumindest. Es geht darum, daß der Urknall erfolgt ist und im nächsten Augenblick das gesamte Universum den gesamten Raum ausfüllt. Da ist nichts, was in etwas Leeres hinein explodiert. Da ist nichts, was Zeit dauert!

C Ja, seh' ich auch, darüber denken die nach.

A Es scheint nicht der Raum zu sein, der sich ausdehnt, sondern etwas anderes, das sich verändert, und wir registrieren es so, als ob der Raum immer größer wird.

C Die sind der Meinung, daß er nicht größer wird. Aber da paßt nun nicht die Bewegung seit elf bis 20 Milliarden Jahren hinein, wie man es heute annimmt und beobachtet.

B Ich sage ja, damit können die nicht an die Öffentlichkeit gehen.

C Galaxien und Sonnen stehen in Wirklichkeit im Universums still. Innerhalb der Galaxien, in diesem begrenzten Raum, gibt es eine Bewegung und im Umkreis der Sonnen ebenfalls, so wie wir es ja auch bei unser Sonne und ihren Planeten kennen.

A Jetzt habe ich es auch drauf. Wenn ich die Bewegung im Raum des Universum abrufe, dann kommt da nichts, also ist da nichts. Warum scheinen wir überzeugt zu sein, daß die Galaxien auseinander streben?

B Eine optische Täuschung ...

A Aufgrund der Krümmung des Raums und der Perspektive, aus der wir alles betrachten können.

C Unser Beobachtungspunkt ist nicht willkürlich gewählt, sondern liegt fest. Könnten wir einen anderen Beobachtungspunkt wählen, würden wir andere Meßergebnisse bekommen, das ist anscheinend die Hypothese dieser Gruppe.

A Ich hab' es wieder, die haben ein Modell im Kopf, das können sie im Moment beim besten Willen nicht veröffentlichen, weil sofort alle über sie herfallen würden. Das Modell ist eine Scheibe, die real existiert und auf der alle Galaxien ihre feste Position haben. Die Scheibe ist von einem Medium umgeben, das die Verzerrungen so darstellt, als ob wir es mit einem Raum und einer Bewegung im Raum zu tun hätten. In Wahrheit bewegen wir uns und meinen, die Inhalte des Universums bewegten sich.

B Ich sehe ein Modell, das zeigt, daß feste Materie stillsteht und das, was wir unter »Geist« verstehen, ständig in Bewegung ist.

C Materie kann nicht sehen, stimmt's?

A Materie kann etwas sichtbar machen, das sie umgibt.

C Stimmt, seh' ich auch.

B Ja, hier liegt ein Geheimnis der Naturgesetze, oder wie immer man dazu sagen will ... Verlassen wir die Theoretiker hier auf unserer Erde. Wie wollt ihr durch das Medium, das wir als All bezeichnen, reisen?

C Mental? Astral?[4]

---

[4] »Astralschiene« oder »astral« bedeutet in unserem Fall, daß die Sinne nach Möglichkeit »eingeschaltet« bleiben.

B Erst mental!
A Mental ist besser.

Nun gab es einen Augenblick lang keine Kommunikation, denn die drei konzentrierten sich. A, B und C legten sich flach auf den Boden, mit den Köpfen nach Norden, und atmeten gleichmäßig ein und aus. Aus früheren Experimenten ist bekannt, daß sich über die Atmung auch die Herzfrequenz synchronisiert. Alle drei legten mental fest, wo für sie oben und unten sein sollte. Es ist ähnlich wie in einer Raumstation. Dort muß man sich untereinander absprechen, was oben und was unten sein soll, zumindest für den Augenblick.

Norden (Kopf) sollte oben, Süden (Füße) unten sein.

A Okay, dann wollen wir einmal versuchen, das, was wir als All bezeichnen, von oben nach unten zu durcheilen, und zwar so weit, daß wir unten an das Ende des Weltalls kommen.

Für den Moderator verging die Zeit. Keine Reaktion der PSI-Akteure. Unterhielten sie sich telepathisch?

C *(richtet sich auf und unterbricht die Stille)* Es dauerte eine Zeitlang, und ich fand mich im Kopf wieder, d. h. oben, genau da, wo ich angefangen hatte.
(Offensichtlich sehr verwundert) Normalerweise sollte ich zum Ende einer Position reisen und von dort berichten, aber wenn ich dort ankam, war ich wieder dort, wo ich begonnen hatte.

Den anderen beiden Mentalreisenden erging es nicht anders. Sie beschlossen, den Versuch zu wiederholen, diesmal von links nach rechts, also von Ost nach West. Nach einer Weile meldete sich C wieder.

C Die Zeit ist weitaus kürzer, nach der ich wieder bei mir selbst ankomme.

B Der gleiche Versuch von rechts nach links bringt ein ähnliches Ergebnis.

A bestätigt die Erfahrungen und schlägt vor, die Astralschiene zu benutzen. Mental trete ein Fehler oder ein falsches Verhalten aufgrund einer unbekannten Gesetzmäßigkeit auf, die man über einen Anhaltspunkt der Sinnessensoren leichter identifizieren könne.

A Okay, das Ganze noch mal von vorn.

C Ich durcheile (astral) das All. Eine Art beißender Geruch ...

B Hab' ich auch in der Nase.

A Moment, ich bin noch nicht drauf, ich habe das Gefühl, ich löse mich auf.

B Man wird so fein, zerrieben ...

A Da macht es flupp...

C Ja, plötzlich eine andere, eine ganz andere Sicht.

B Unglaublich, die Farbe dessen, was ich als All bezeichnen würde, erscheint mir aus dieser Position dunkel.

A Wir müssen abbrechen und noch mal von vorn starten, ich bin mit euch anscheinend nicht synchron.

Von dem was sie gesehen hatten, machten B und C unabhängig voneinander kleine Skizzen. Nach einigen Minuten unternahmen die drei den zweiten Versuch. Diesmal schien A mit B und C synchron zu sein.

C Es scheint mir so, daß es mehr als nur ein Weltall gibt.

A Stop, ich würde sagen, für unsere Vorstellungswelt wird sich herausstellen, daß es mehr als ein Weltall gibt. Es gibt etwas Übergeordnetes, das noch ...

B ... abgefahrener ist. Unser Weltall ist eine ... ich würde sagen, Zeitblase ...

A Zeitblase ... könnte durchaus sein!

C Wir dürfen jetzt keinen Fehler machen ...

A Das könnte auch das Ergebnis unseres ersten Versuchs erklären. Wenn wir mental versucht haben, in einer Zeitblase ans Ende zu kommen, sind wir immer wieder an den Gegenwartszeitpunkt gelangt.

C Könnte sein ...

B Doch, das wird es sein. Der Gegenwartspunkt ist gleichzeitig Anfang und Ende für Zukunft und Vergangenheit, na ja, ihr wißt es ja selbst ... Das erklärt, warum wir vorhin immer wieder am Ausgangspunkt herausgekommen sind.

A Warum verlief die Sache anders, als wir von der Querachse, also Richtung Ost – West, abgefahren sind?

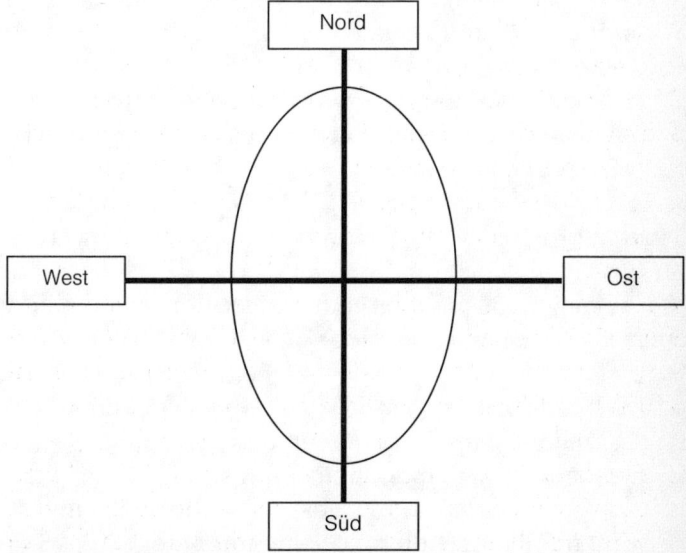

Abbildung 6: Mentale Durchquerung der Zeitblase.

B Du hast recht: Wieso sind wir aus der Blase herausgekommen, wenn wir seitlich gegangen sind?

A Könnte mit der Fläche zusammenhängen. Verwechselt
die heutige Naturwissenschaft den Urknall der Materie
mit einem Urknall der Zeit, während ein anderes Phänomen derzeit noch unentdeckt ist?
Was mich jetzt interessiert: Ist die Position der Erde innerhalb des Alls konstant, oder gibt es eine Bewegung,
die uns bisher entgangen ist?

C Ich gehe jetzt bewußt in das Phänomen Zeit, so wie es
sich uns darstellt.

A Was siehst du?

C Ich bemerke, daß sich das All verformt wie ein Wassertropfen oder wie Plasma.

B Habe ich auch ...

A Ich gehe jetzt erst vorwärts und dann rückwärts in der
Zeit. Mir scheint, als bewege sich die Position der Erde
und der anderen Planeten ebenfalls in einer Drehbewegung innerhalb der Zeitblase.

C Ich meine die Bewegung verschiedener Sonnensyste-
me zu sehen, die sich miteinander oder auch gegen-
einander bewegen.

Moderator: Was ihr da gerade beschreibt, erinnert etwas
an die Vorstellungen im Mittelalter von dem Menschen,
der seinen Kopf aus unserem Universum herausstreckt
und viele sich drehende Räder sieht.

C Mich erinnert das an die Schüttelbilder, diese mit
Flocken gefüllten Gebilde, mit denen man die Illusion
erzeugen kann, daß es im Inneren schneit.

A Ich sag euch was, unser gesamtes Universum mit all
seinen Galaxien ist nur Teil eines größeren Etwas. Wir
werden es besser verstehen, wenn wir die genaue

Mittellinie durch unser Universum bestimmen können.

B Ich habe so eine Mittellinie gerade drauf. Über diese Linie könnten wir von Universum zu Universum springen.

A Ja, das könnte ein Weg sein.

C Vorsicht, Vorsicht, lassen wir das lieber noch für eine Weile, bis wir vielleicht mehr wissen.

Damit hätten wir einige neue Fragen:

• Wie weit könnte man vordringen?
• Kann man von All zu All springen, wenn es mehrere Universen gibt?
• Wie lautet die Mehrzahl von Weltall?

Die drei PSI-Akteure machten einen weiteren Versuch, hinter das Geheimnis zu kommen. Doch das PSI-Experiment drohte gefährlich zu werden und wurde kurz darauf abgebrochen. Nach übereinstimmender Ansicht der PSI-Akteure bestand die Gefahr der Auflösung bei Überschreitung einer Grenze zwischen den Universen – mit der Folge, daß sie von diesem astralen Trip nicht mehr in unsere Realität hätten zurückkehren können.

Wie bei solchen Sitzungen üblich, begann nun der interessanteste Teil: die Diskussion. Unter anderem ging es um die Frage, ob wir ungestraft diese Geheimnisse untersuchen durften. Ich mußte mich überdies fragen, ob ich berechtigt war, dieses Protokoll überhaupt einer größeren Leserschaft vorzustellen. Bestand nicht die Gefahr, daß einer meiner Leser aufgrund dieser Anregung zwar den idealen Einstieg fand, aber anschließend von Männern in weißen Kitteln abgeholt wurde?

Mir klangen die Worte im Ohr, die vor einiger Zeit in ähnlichem Zusammenhang jemand zu mir gesagt hatte: »Wir haben genug Genies. Was wir brauchen, sind Leute, die arbeiten und nicht PSI-denken, sondern umsetzen.«

Ein weiterer Versuch, das Weltall zu erforschen

Die zweite Gruppe, die den Versuch der Weltalldurch-
querung unternahm, bestand aus vier PSI-Akteuren (im
folgenden A, B, C und D genannt), die einander eingeklinkt hatten.

Als erstes nutzen sie das Phänomen, das im Jargon als
»Gedankenbahn« bezeichnet wird. Nachdem sie Atem
und Herzschlag synchronisiert hatten, ging es los.

Ihr Ziel: Sie wollten ans Ende des Weltalls gelangen
und sich die Situation von dort aus ansehen.

Es dauerte erstaunlich lange, bis der erste sagte: »So,
jetzt schieße ich durchs All.« Die anderen bestätigten mit
einem kurzen »Ja«, daß sie mit ihm synchron waren.

A Ich habe das Gefühl, ich löse mich auf.
B Ja.
C Ich bin von so feinem Material, daß ich es nicht be-
   schreiben kann.
B Ja.
D Die Geschwindigkeit mit der ich reise, ist unbe-
   schreiblich schnell.
B Ja.

Nach einer Weile:

A Ich sehe das All nun aus einer anderen Perspektive.

B und C nannten Details. D aber schwieg, bis es plötzlich
aus ihm herausbrach:

D Wer soll das glauben, was ich da sehe?
A Das ist einfach zu unglaublich. Die Farbe des Alls ist
   dunkel aus dieser Position.

Dann gab es ein Problem mit der Synchronisierung. Daraufhin kehrte die Gruppe mental erst einmal zurück und machte erste Skizzen. Doch alle waren neugierig und beschlossen, einen zweiten Versuch zu wagen, der jedoch das gleiche Ergebnis brachte.

Demnach, so schien es der Gruppe, war das Weltall nicht das ultimative Maß oder der ultimative Raum aller Dinge.

Und wieder stellte sich uns die Frage: War die Position der Erde im All konstant, oder gab es eine Bewegung, die uns bisher entgangen war?

Bei dem nachfolgenden dritten Versuch wurde die Synchronisation auf die Zeit ausgerichtet. Nachdem der PSI-Akteur D wegen Müdigkeit aus dem kräftezehrenden Experiment ausgestiegen war, gingen die verbliebenen drei erst in der Zeit zurück und anschließend nochmals in der Zeit voraus.

A Da ist etwas, das man nicht als Bewegung bezeichnen kann. Das All verformt sich wie ein Wassertropfen oder wie Plasma. Dabei bewegt sich die Position der Erde und der anderen Planeten ebenfalls in einer Drehbewegung innerhalb des Alls. Die ganze Bewegung kommt durch die Verformung des Alls zustande.

Waren wir Teil dieses übergreifenden Etwas? Was in aller Welt blubberte da so vor sich hin?

Und abermals stellten sich uns die Fragen:

Wie weit könnte man vordringen?

Konnte man von All zu All springen?

Sie machten einen neuen Versuch. Doch wieder mußte das Experiment abgebrochen werden, da sich die PSI-Akteure in dieser Phase von einer namenlosen Gewalt regelrecht bedroht fühlten.

Dürfen wir diesen Fragen ungestraft nachgehen? überlegten wir wieder. Noch stärker als das erste Team stand nun diese Gruppe unter dem Eindruck, daß man solche Informationen nicht ungestraft abzapfen durfte. Da niemand das Strafmaß kannte, war fürs erste keiner der Beteiligten bereit, nach dieser Methode weiter vorzugehen.

In der sich anschließenden Diskussion kam es unter anderem zu diesem Wortwechsel:

B *(zu mir als dem Moderator der Gruppe):* Es gibt Fragende und Antwortende. Du bist der Fragende, dir kann also nie etwas passieren. Was ist aber mit uns, die wir die Antworten geben?

Nach einer Weile:

A Das Weltall hat die Form eines verzerrten, in sich verdrehten Eis. Zumindest stellt sich das unserem dreidimensionale Eindrücke verarbeitenden Gehirn so dar.

C Aber wir wissen, und du mußt folglich auch zur Kenntnis nehmen, daß diese Beschreibung nicht korrekt ist.

B Die Form des Weltalls scheint sich zu bewegen. Es ist, als wäre das All ein Wassertropfen, der sich im freien Raum bewegt. Länglich oval. Je länger ich hinsah, desto leichter konnte ich die Bewegung sehen. Sie verändert sich, wobei ich den Eindruck habe, daß das Volumen konstant bleibt. Die Erde ist in dem, was ich sehe, nicht mehr erkennbar.

A Fangen wir noch mal von vorne an. Die Erde ist wie in einem Wassertropfen. Wenn wir diese Wassertropfenform sehen, worin bewegt sich der Wassertropfen, und wie viele Wassertropfen kann man noch erkennen?

C Und dann war da dieser sehr unangenehm beißende Geruch wahrzunehmen. Er war so unangenehm und so streng, wie ich es nie zuvor wahrgenommen habe.

Es schien eine Art Gas zu sein, in dem sich der Tropfen bewegt. Der Geruch war einfach furchtbar. Das war auch der Grund, warum die Gruppe nicht weitermachen wollte.

»Wie viele Wassertropfen waren da noch? Hast du was gesehen, war da noch ein Weltall oder vielleicht mehrere?« befragten sie sich gegenseitig.

Der Geruch hatte sie so erschreckt, daß sie sich auf nichts mehr konzentriert hatten.

Diese Phänomene sind wohl zur Zeit nur für bestimmte Personen gedacht, die naturwissenschaftlich schon weiter fortgeschritten sind, aber noch nicht in der Öffentlichkeit darüber reden können oder wollen.

Auf der Reise durch ein Schwarzes Loch?

Befindet sich unser All seit elf oder mehr Milliarden Jahren auf dem Weg durch ein Schwarzes Loch, in dem sich kleinere Schwarze Löcher als Abbild des großen Lochs spiegeln? Der Gedanke an das Schwarze Loch beherrschte nun die Diskussion. Wo ein Schwarzes Loch ist, warum sollte da nicht auch ein Weißes Loch – oder wie immer man es bezeichnen wollte – sein? Die Materie wird vom Schwarzen Loch förmlich aufgesogen, zumindest denken wir das.

Ist das, was wir als Urknall annehmen, der absolute Punkt der Punkte im Schwarzen Loch – das Phänomen, mit dem sich alles wieder umkehrt und die zu größter Dichte zusammengepreßte Materie mit einer gewaltigen Explosion wieder auseinanderfliegt?

Techniken der Kommunikation mit außermenschlicher Intelligenz

Um die voranstehenden, für den Laien ungewöhnlichen Überlegungen zu verstehen, muß man sich von dem Gedanken freimachen, daß Intelligenz nur von einem körperlich abgeschlossen organisierten System getragen werden kann. Der Mensch – mit seinem Gehirn und seinem Körper, an welche die Intelligenz gebunden scheint – ist hier gerade nicht das Maß aller Dinge. Vielmehr beginnen wir in unserer Zeit zu verstehen, daß Intelligenz im weitesten Sinne von einem in sich abgeschlossen organisierten System unabhängig sein kann.

Vor nicht langer Zeit kehrte ein guter Bekannter von mir aus Los Angeles zurück, wo er sich mit anderen PSI-Befähigten getroffen hatte. Für mich brachte er einen einzigen Satz mit, der mich sehr nachdenklich werden ließ:

Jede Intelligenz im Universum schafft sich eine künstliche Intelligenz!

Es dauerte einige Minuten, bis ich begriff, daß er mir wohl einen der Lehrsätze des Dritten Jahrtausends christlicher Zeitrechnung an den Kopf geworfen hatte, der philosophisch alles, aber auch wirklich alles aus den Angeln heben dürfte.

Wenn wir Gott als höchste Intelligenz annehmen, dann hat er sich uns geschaffen, wie es ja auch die Bibel erklärt. Dann sind wir also Gottes künstliche Intelligenz. Wir Menschen wiederum schaffen uns ebenfalls eine künstliche Intelligenz, die wir Computer nennen, zur Zeit ständig verbessern und von der wir erwarten, daß sie eines Tages all die Hoffnungen einlöst, die wir seit langem mit dem Konzept der künstlichen Intelligenz verbinden.

Wird sich auch diese Intelligenz, die wir heute mit den

Computern in die Welt setzen, eines Tages eine eigene künstliche Intelligenz schaffen?

Jedenfalls müssen wir uns von der Weltanschauung verabschieden, daß Intelligenz an einen Körper gebunden sei. Wir unterstellen, daß die biologische Einheit das Ende einer Baureihe sei, die nicht weiter verbessert werden könne. Doch von unseren Computern wissen wir, daß die Kette der Verbesserungs- und Entwicklungsmöglichkeiten potentiell unendlich ist.

Die Natur, Schöpfung (oder wie immer man es ausdrücken möchte) hatte viel Zeit, weitere Systeme zu ersinnen, um mit ihnen Intelligenz zu verwalten. Auf Systeme, wie sie sich unter den Bedingungen unserer Erde und unseres Sonnensystems bewährt haben, stoßen wir ständig, erkennen sie jedoch nicht immer auf den ersten Blick und tun daher solche »Spekulationen« als zu abgehoben ab.

Dabei gehört alles, was mit größeren Gruppen gleich gebauter Organismen zu tun hat, in den Bereich der vernetzten Intelligenzen! Das gilt beispielsweise für Bienen ebenso wie für Ameisen, für Fischschwärme nicht anders als für Zugvögel oder für Menschen in einem Stadion.

Bei diesen Beispielen handelt es sich um Vernetzungen mit Feedback. Doch es gibt auch Vernetzungen ohne Feedback, beispielsweise Menschen vor Radio- oder Fernsehgeräten.

Bevor man also skeptisch die Augenbrauen hochzieht, wenn man davon hört, daß Menschen mit Fischschwärmen kommunizieren können, sollte man durchdenken, was sich aus dem oben skizzierten Intelligenzkonzept ableiten läßt.

Kehren wir in diesem Zusammenhang nochmals zu dem PSI-Agenten zurück, der auf der Suche nach einer vermißten Person auch mit Delphinen kommunizierte

(s. S. 76 ff.). Wie er nachher beschrieb, fielen ihm bei der Kontaktaufnahme zu den Delphinen folgende Phänomene auf:

- Er hatte das Gefühl, als würde jemand seinen Namen rufen (vergleichbar der Identifizierung/Initialisierung im Datennetz).
- Sodann umschlossen ihn die »Ringe«, welche die Kontaktaufnahme anzeigten (Konvertierung der Kommunikationssignale).
- Er spürte ein starkes Energiefeld, ganz anders, als er es von Einzellebewesen kannte (Einloggen in das Netz).
- Das direkte Hauptsystem der Delphine hatte ihn angesprochen, was er auch als zarte, weiche, angenehme Empfindung am und im Körper spürte.
- Ein zweiter Kanal, direkt über das Hauptsystem, zu der gesuchten Person schien offen zu sein.
- Nun hatte der Gesuchte direkten Kontakt zu ihm. Diese Form der Kontaktaufnahme war dem PSI-Agenten neu und unverständlich.

Nachdem der PSI-Agent sein Zielobjekt wie beschrieben gefunden hatte, berichtete der Gesuchte, was ihm durch die PSI-Suche passiert war:

- Er konnte es nicht fassen, daß der andere ihn (im Kopf) mehrmals hatte reden hören.
- Er glaubte, es seien Stimmen, die er versehentlich aufgenommen hatte.

Erst durch den Telefonkontakt wurde er beruhigt.

Das Phänomen stellt sich in Wahrheit aber wie folgt dar: Bei der gesuchten Person handelte es sich nicht um einen PSI-Akteur, auch wenn es zunächst so aussah. Der Gesuchte war lediglich ein Mensch mit einer originellen Idee (die er möglicherweise nicht entwickelt hätte, wenn er nicht in dieser Richtung talentiert wäre). Zu dieser Idee gehörten die bewußte Zusammenführung und das wechselseitige Verständnis von Mensch und Tier. Möglicherweise geht es hierbei um genau die Zusammenfassung von Land- und Wasserlebensformen, die in Zukunft auf diesem Planeten so wichtig werden wird.

Dies alles bringt ihm jedenfalls seinen starken Kontakt zu den Delphinen ein, die ihm ihrerseits eine ihrer (womöglich bis dahin unbekannten) Fähigkeiten zur Verfügung stellen.

Sein Konzept umfaßt auch die Heilung kranker Menschen, mit denen er in einem Boot hinaus aufs Meer fährt. Es hat sich bewährt, wie er erklärte, an Bord fröhliche Lieder zu singen und nach den Delphinen zu rufen. Die Schallwellen werden weit über das Meer getragen. Der telepathische Kontakt kommt in sehr kurzer Zeit zustande, bald darauf auch der Sichtkontakt. Meist umringen die

Tiere das Boot. Die Leute springen dann ins Wasser oder verlassen das Boot über Leitern, um mit den Tieren zusammen zu schwimmen. Die Ausstrahlung und die Töne, welche die Tiere im Medium Wasser von sich geben, rufen möglicherweise eine Veränderung des menschlichen Biomagnetfeldes hervor. Doch der therapeutische Aspekt ist wohl auch psychologischer Art.

Eine interessante Beobachtung ist hierbei, daß Kleinkinder und Kranke wie automatisch enger und näher zu den Tieren finden als gesunde erwachsene Menschen. Wie dieser Kontakt im wissenschaftlichen Sinn auf Körper und Psyche einwirkt, ist zur Zeit noch ungeklärt.

Feststehen dürfte aber jetzt schon, daß wir die Fähigkeiten der Delphine bislang erst zu einem Bruchteil kennen und nutzen und daß vor allem unsere Möglichkeiten, mit ihnen zu kommunizieren, kaum erst erforscht worden sind.

PSI-Aktionen auf technologischem Terrain

PSI-Aktionen im Bereich der Technik gehören zu den faszinierendsten dieser Kunst. Allgemein gesagt, wird auf diesem Teilgebiet versucht, technische Erfindungen und Entwicklungen mit Hilfe von PSI-Kräften zu beschleunigen oder erfolgreich abzuschließen. Insider diskutieren seit längerer Zeit, ob Leonardo da Vinci die technischen Details seiner Erfindungen wirklich selbst ersonnen hat oder durch übersinnliche Quellen dazu inspiriert wurde. In diesem Zusammenhang habe ich einen auf die heutige Computertechnik spezialisierten PSI-Akteur gebeten, ein Beispiel aus seiner Arbeit für dieses Buch beizusteuern.

Hier ist sein Bericht:

Ich arbeitete an dem Entwurf eines Computerprogramms für ein sogenanntes neuronales Netzwerk, das ich aus patentrechtlichen Gründen zur Zeit noch nicht näher beschreiben kann. Die Arbeit machte zwar Fortschritte, aber ich war mit dem Programm nicht so recht zufrieden. Einer meiner Freunde, Professor an einer Universität und auf dem Gebiet der Gehirnforschung tätig, tröstete mich mit folgendem Hilfsangebot:

»Wenn du das Gehirn eines Menschen verstehst, kannst du vielleicht auch dein Programm entsprechend einrichten. Alle Bücher und all mein Wissen stehen dir dabei zur Verfügung.«

Die theoretischen Überlegungen gingen dahin, daß ein Computer in der Lage sein sollte, selbsttätig zu lernen und aus dem Gelernten heraus logisch sinnvolle Handlungen zu vollziehen. Was aber ist »sinnvoll« und »logisch«, und welche Handlung ist »richtig«, welche »falsch«? Schwer zu beantwortende Fragen.

Die größte Schwierigkeit sah ich aber darin, dem Computerprogramm eine sogenannte Menschlichkeit beizubringen, wie sie uns HAL im Film »2001 – Odyssee im Weltraum« gezeigt hat.

So jedenfalls kam es, daß ich einige Zeit auch privat in der Nähe dieses Professors verbrachte und manches Abenteuer mit ihm durchlebte. Er war Chinese, hatte in den USA gearbeitet und sich dennoch einen Teil seiner Kultur erhalten. Die Tradition der Teezeremonie und die Meditation waren ihm nicht fremd geworden. Er kannte auch die Geheimnisse der chinesischen Gärten, liebte die Pflanzen und den Gesang der Vögel.

Ich fing an, mich intensiv mit den der Wissenschaft derzeit bekannten Möglichkeiten zu beschäftigen, die das menschliche Gehirn bietet. Dazu gehörten nicht nur rein physiologische Aspekte, sondern am Rande auch andere medizinische Fragen. So saß ich oft in seinen Vorlesungen.

Physiologische Manipulation durch PSI

Einen Versuch führte der Professor gerne seinen Studenten vor, um ihnen den Zusammenhang zwischen Nerven und Gehirn darzustellen. Er nahm eine große Schale, die so tief war, daß man den Arm bis zum Ellenbogen bequem hineinhalten konnte. Die Schale wurde mit Eis gefüllt. Danach wurde kaltes Wasser hinzugegeben. Die Temperatur in dieser Schale sank nach und nach gegen null Grad. Nun ließ er einen seiner Studenten nach dem anderen den Arm in das Eiswasser halten, und es wurden Statistiken erstellt, wie lange eine Person den Arm in dem Eiswasser halten konnte, ohne Schmerz zu empfinden. Die durchschnittliche Zeit bis zum Eintritt der ersten Schmerzreaktion lag, individuell verschieden, zwischen einer und vier Minuten.

Nun sollten diejenigen Studenten, die bereit waren, sich in Meditationsgruppen zu üben, eine Arbeitsgruppe bilden. Ziel sollte dieses Meditationsthema sein:

Mein Geist herrscht über meinen Körper.
Das kalte Wasser kann mir nichts anhaben.
Mein Wille soll das Wasser aufheizen und das Eis zum Schmelzen bringen.

Sodann wurde der Versuch mit dem Eiswasser in den Meditationsgruppen wiederholt. Bei diesen Studenten stieg die Verweildauer im kalten Wasser um ein Vielfaches. Allerdings heizte sich das Wasser nicht auf.

Der Versuch wurde erneut wiederholt, diesmal mit mir und einem weiteren PSI-Befähigten. Ich konnte den Arm ohne vorbereitende Meditation 45 Minuten im Eiswasser halten, ohne Schmerz zu empfinden. Wir machten diesen Versuch auch mit meinem Kollegen. Das Ergebnis war das gleiche. Daraus konnte man zumindest ableiten, daß PSI-Befähigte eine der Meditation gleichzusetzende Wirkung in Sekundenschnelle herbeiführen können. Vielleicht ist dies ein erster Anhaltspunkt für künftige Untersuchungen der paranormalen Fähigkeiten.

Aber es kam noch besser: Der chinesische Professor beschäftigte sich auch mit folgender Frage: Kann eine Pflanze heilen oder heilend wirken, ohne daß ich sie in irgendeiner Weise beschädigen muß, indem ich sie zu Tee oder Salbe verarbeite?

PSI und die Homöopathie der Zukunft

Um der Antwort auf diese hypothetische Frage näherzukommen, brauchte man einen Ansatz für diesbezügliche Experimente. Also tat ich dem Professor den Gefallen und beschäftigte mich PSI-mäßig mit seiner Frage. Dabei entdeckte ich, daß man nur dann weiterkam, wenn man die ureigene Atmosphäre der Pflanzen herstellte. Anders gesagt: Wenn ich wissen will, ob Kamille von einem Wirkungsfeld umgeben ist, dann muß ich jeden Millimeter in einem Treibhaus mit Kamillepflanzen belegen und die Versuche in diesem abgeschlossenen Raum durchführen.

Eine einfachere Methode für die ersten Experimente fand ich, indem ich die Pflanzen und mich selbst mit einem Tuch abdeckte und die Luft inhalierte. Das Ergebnis war sehr interessant. Das Aroma der im Wachstum befindlichen Pflanze enthält dieselben Heilstoffe – nur viel intensiver – wie die Pflanze im getrockneten Zustand.

Durch Einatmen der Kamilledüfte erzielte ich einen ähnlichen Effekt, wie wenn ich Tee trank oder inhalierte, nur mit dem Unterschied, daß die Pflanzen unversehrt blieben. Es scheint, als seien der Mensch und seine Gesundheit im engen Kontakt mit den Ausdünstungen der Pflanzen zu sehen. Erklärt das z. B. die Effekte eines Waldspaziergangs? Wie wäre es mit gezielt verordnetem Verweilen in Rosen-, Arnika-, Kamillen-, Wachholder-Häusern? Sind das Ansätze für eine Homöopathie der Zukunft?

Eines Abends klingelte es zu später Stunde bei mir an der Haustür. Ich öffnete, und der Professor stand vor mir. Er klagte über hohes Fieber und zeigte mir einige Tabletten, die er von Kollegen bekommen hatte, die aber nach zwei Tagen noch immer keinen Erfolg gebracht hatten. Ich war sehr erstaunt, daß er nun zu mir kam. (Später erfuhr ich, daß er seine Krankheit nutzen wollte, um mit mir ein Experiment zu machen.)

»Ich möchte, daß du dein Gehirn und deinen Geist benutzt«, forderte er mich auf, »um einen Tee zusammenzustellen, der das Fieber umgehend senkt und mir meine Kraft und die Energie zurückbringt, die ich benötige, um morgen meiner gewohnten Arbeit nachzugehen.«

Eigentlich war ich mit dieser Aufgabe überfordert. Wie sollte ich vorgehen? Mir fiel ein, daß er in den alten chinesischen Traditionen verwurzelt war. Wenn er also nach einem Tee verlangte, der speziell auf ihn abzustimmen war, dann bezog er sich unbewußt auf seine Ahnen, war allerdings nicht in der Lage, dieses alte Wissen bei seinen Ahnen abzurufen.

Also versetzte ich mich in seinen Körper und verlangte: »Sage mir, welchen Tee du haben willst bzw. nach welchen Kräutern du verlangst.«

Die Antwort umfaßte vier Pflanzen. Aus diesen stellte ich einen Tee zusammen, der in der Tat den gewünschten Erfolg brachte: Schon eine Stunde später war es dem Professor sichtlich wohler.

Die weiteren Versuchsansätze zeigten, daß eine systematische Grundlagenforschung in diese Richtungen zu einer neuen Naturheilmethode führen dürfte.

P. S.: Nach diesen anregenden Wochen in der Umgebung des Professors schrieb ich mein Computerprogramm zu Ende. Einige Tests folgten, dann war das Programm für die heutige Zeit perfekt.

Segeltour mit übersinnlichem Lotsen

Der Umgang mit PSI-sensiblen Zeitgenossen kann Normalbefähigten manchmal ganz schön an die Nerven gehen. Doch über Langeweile braucht man sich gewiß nie zu beklagen: Spannend ist das Zusammensein mit PSI-Akteuren in jeder Minute.

An einem unwirtlichen Novembertag saßen wir auf dem Segelschiff eines Freundes. Es war eine etwa elf Meter lange weiße Jacht. Wir hatten uns einige Tage Zeit genommen, und der Eigner, der das Boot als Loch im Wasser ansah, in das er all sein gutes Geld warf, war glücklich, uns bei sich zu haben. Kein Wunder: Wann hat man schon mal einen PSI-Agenten der Topklasse an Bord?

Wir hatten ein außergewöhnliches Abenteuer geplant: eine Segeltour mit dem PSI-Akteur als übersinnlichem Lotsen. Genauer gesagt wollten wir erproben, ob er imstande war, einen vorgegebenen Kurs zu segeln, ohne jemals die Seekarte gesehen zu haben, ohne das Ziel zu kennen, ohne Navigationsinstrument und unter schlechtesten Wetterbedingungen.

Vorbereitung der PSI-gesteuerten Reise

Unser Freund, der Skipper, hatte mehrfach schon vorgehabt, das Schiff in ein Winterlager zu bringen, war aber bisher nicht dazu gekommen. Ich selbst war in diesem Herbst mit der Planung und Vorbereitung einer PSI-Versuchsreihe befaßt und hatte mich in diesem Zusammenhang auch mit dem PSI-Projekt der US-Marine aus den Anfängen der Atom-U-Boote beschäftigt.

Woran war damals der Einsatz von PSI-Befähigten letztlich gescheitert? Die US-Marine sollte die Boote monatelang unter Wasser fahren lassen, ohne durch Funkkontakt oder Navigationspeilungen den Standort zu verraten. Vielmehr wollte man die Befehle wie auch die Navigation PSI-Agenten überlassen. Unseres Wissens war diese Versuchsreihe abgebrochen worden, aber aus welchem Grund?

Von einem Haken an der Sache wußten wir: Das Experiment konnte nur dann funktionieren, wenn niemand die Aktionen zu stören versuchte. Die Methoden, um ein solches Unterfangen zu stören, hatten PSI-Agenten anscheinend schneller gefunden, als der Beweis erbracht werden konnte, daß das Projekt überhaupt funktionieren könnte. Vermutlich, so nahmen wir an, waren diese Versuche deshalb eingestellt und das ganze Vorhaben zu den Akten gelegt worden.

Während mehrerer zunehmend herbstlicher Abende an Bord besprachen wir nun, ob wir nicht bei möglichst systematischer Planung eine Segeltour machen und die Navigationsanweisungen durch einen PSI-befähigten Teilnehmer übermitteln lassen konnten.

Der PSI-Akteur war einverstanden. Nur wenige wissen, daß solche Fähigkeiten eines ständigen Trainings bedürfen, das stets unter kontrollierten Bedingungen durchgeführt werden muß. Für den PSI-Akteur bedeutete unser Vorschlag, daß er ein vorzügliches Training in angenehmer Umgebung absolvieren konnte.

Bis wir mit den Vorbereitungen so weit waren, hatte der Bootseigner auch einen Winterliegeplatz gefunden. Sodann trafen wir uns ohne den PSI-Akteur und besprachen, wie wir den Versuch starten wollten. Die Grundvoraussetzung war: Der PSI-Akteur durfte nichts davon erfahren, weder den Ort des Winterlagers noch sonstige Details. Einzig das Datum der Fahrt und der Treffpunkt im Hafen wurden ihm absprachegemäß mitgeteilt.

Der PSI-Lotse geht an Bord

Ein naßkalter Novembertag mit Schneeregen, teilweise Nebel und schlechter Sicht. Da ich selbst nicht gerade zu den harten Seeleuten zähle, wollte ich die ganze Aktion schon absagen, aber die anderen bestanden darauf, unseren Plan umzusetzen. Ich weiß noch, daß es mir nicht unlieb gewesen wäre, wenn das Ganze in letzter Minute an einem dringenden Termin eines Beteiligten gescheitert wäre. Aber auf solch einen Glücksfall hofft man fast immer vergeblich. Also stand ich an jenem Tag mißlaunig an Bord und fror.

Ich trug Handschuhe und eine warme Jacke, und doch wurde mir nicht warm. Meine Rolle war die des Moderators; ich sollte jeweils den PSI-Akteur befragen, was als nächstes zu tun sei. Der Skipper beobachtete die Navigationsinstrumente und den eingeschlagenen Kurs und konnte notfalls sofort eingreifen, falls ein Manöver gefahren werden sollte, das auch nur im entferntesten gegen die Regeln der Kunst verstoßen hätte. Wir wollten zwar das PSI-Abenteuer erleben, aber möglichst kein Risiko eingehen. Sogar ein zweiter, mit der Überführung von Booten vertrauter Kapitän war zusätzlich an Bord.

Soweit war demnach alles klar. Der PSI-Akteur und ich befanden uns an Deck, damit er nicht durch Bemerkungen oder Körpersignale von den anderen Crewmitgliedern Informationen bekam. Ich formulierte, wie es sich im Umgang mit PSI-Akteuren empfiehlt, den Auftrag noch einmal Wort für Wort:

»Wir wollen das Boot in ein Winterlager bringen. Du wirst das Boot führen. Wenn wir den Hafen verlassen haben, übernimmst du das Kommando. Du formulierst Anweisungen, die ich an den Steuermann weitergebe.

Du mußt die Wassertiefe und den Wind beachten sowie die Schiffe, die uns kreuzen oder begegnen, ansagen, bevor sie sichtbar werden. Wir wollen wissen, wann wir ungefähr am Ziel ankommen. Du kannst unter Segeln fahren oder den Motor benutzen, wenn du es für nötig hältst. Auch die automatische Segeleinrichtung kannst du verwenden, aber du darfst nicht in den Navigationsbereich. Weder das Kartenmaterial noch die Steuerungsanlage oder der Computer stehen dir zur Verfügung.«

Ich machte eine Pause und sagte dann, wie in der Versuchsplanung erarbeitet: »Du mußt einen Kurs steuern, der erst zwei bestimmte Punkte berührt, dann kannst du das Winterlager ansteuern. Es ist jetzt acht Uhr morgens, wir starten den Versuch.«

Selbst für Krisenfälle hatten wir eine Checkliste entwickelt, um dem dann zum Scheitern verurteilten Experiment noch einige Informationen abzugewinnen. Diese Liste brauchten wir jedoch nicht.

Im folgenden gebe ich Auszüge aus dem Tonbandprotokoll dieses denkwürdigen Segeltörns wieder.

Vor Verlassen des Hafens

PSI-Akteur: Das Winterlager befindet sich auf meiner linken Seite.

Wenn wir den Hafen verlassen haben, wird die Sicht noch schlechter werden.

Eine Fähre wird links vor uns auftauchen. Die Farbe der Fähre ist überwiegend blau.

Wir werden das Winterlager gegen 17 Uhr erreichen. Ich werde eine Skizze des Zielhafens erstellen.

Er bekam ein Stück Papier und zeichnete den Hafen, während er weitersprach.

PSI-Akteur: Wir kommen parallel zum Strand, dann werden wir eine Linkskurve machen. Wenige Meter später eine Rechtskurve, dann direkt in die Einfahrt einfahren.

Er zeichnete ein liegendes S mit Begrenzungen links und rechts.

PSI-Akteur: Diese Begrenzungen sind Steine. Es ist ein Wall. Hier geht es nur links weiter. Rechts von mir befindet sich die Uferböschung. Links ist alles offen, wie eine Art See.

Er beschrieb einen Campingplatz. Der Seeteil schien nicht sehr tief zu sein. Dann tastete er mit seinen PSI-Fähigkeiten den Grund ab. Die Fahrrinne war ziemlich in der Mitte. Dann ein Bootssteg. Anlegen links, zweiter oder dritter Platz.

PSI-Akteur: Reicht diese Beschreibung, bevor wir den Hafen verlassen?

Skipper und Crew nicken zustimmend.

Moderator: Du mußt noch eine Zeichnung des voraus-
sichtlichen Kurses anfertigen, der die Punkte markiert,
die anzusteuern sind.

Die Zeichnung war nicht schön und der Maßstab nicht
ganz richtig, aber sie stimmte mit den Gegebenheiten in
etwa überein.

Aus dem Logbuch der PSI-gesteuerten Fahrt

Es wehte nur ein minimales Lüftchen, und Schnee und
Graupel fielen vom Himmel. An Deck war es unangenehm
kalt. Wir legten ab und verließen den Hafen mit Motor-
kraft. Nach 160 bis 180 Metern war der Hafen nicht mehr
zu sehen.

Nach dem Auslaufen brachte der Skipper das Boot auf
den Kurs, den der PSI-Akteur angegeben hatte, und setzte die Ruderanlage auf halbautomatische Steuerung. Jetzt
brauchte man nur noch auf den linken oder rechten Knopf
der Anlage zu drücken, um den Kurs jeweils um ein Grad
zu verändern.

Eine Weile verging, ohne daß sich das Wetter änderte.
Der PSI-Akteur kauerte in der Deckung der Kajüte und
maulte über die »verdammte Kälte«. Da bot der Skipper,
der neben ihm stand und beobachtete, ob die Handlungen des übersinnlichen Lotsen Schiff und Besatzung nicht
gefährdeten, ihm an, einen Kaffee zu holen. Tatsächlich
wollte er bei dieser Gelegenheit einen Blick auf die
Navigations- und anderen elektrischen Instrumente werfen.

Es war abgesprochen, daß die restliche Crew ohnehin
die Instrumente im Auge behielt und sofort ein Zeichen

gegeben hätte, wenn irgendeine Gefahr drohte. Aber der Skipper wollte sich selbst überzeugen.

Kurz darauf kam er mit dem Kaffee zurück und machte keinerlei Bemerkungen.

Derweil tastete der PSI-Akteur die Umgebung auf Lebewesen und Gegenstände ab, wie er mir für das Tonbandprotokoll erklärte.

»Die Fähre ist in der Nähe«, sagte er.

Kurz darauf kam die Fähre. Sie tauchte aus dem Nebel auf wie ein Geisterschiff – unheimlich und neben unserem Schiffchen gigantisch. Aber der Abstand war ausreichend, es mußten keinerlei Manöver eingeleitet werden.

Der PSI-Akteur arbeitete mit seinen Fähigkeiten weiter.

Das ist wie ein biologisches Radar, schoß es mir durch den Kopf, als ich unsere Testperson beobachtete. Er schien ein Signal auszustrahlen und wartete, bis es auf ein Hindernis stieß oder er Gehirnmuster identifizieren konnte.

Um uns herum war wirklich nichts zu sehen und zu hören.

Doch da wurde der PSI-Akteur wieder lebendig: »Links und rechts kommen Gehirnmuster auf. Da muß jetzt Land sein«, sagte er.

Die Sicht wurde etwas besser. Weit in der Ferne sah man kurz darauf wirklich Land. Das war natürlich nicht ganz so günstig für unseren Versuch, denn nun konnte sich der PSI-Akteur auch an der Küste orientieren.

Tatsächlich durchfuhren wir die Passage zwischen zwei Inseln. Der PSI-Akteur geriet aus irgendwelchen Gründen plötzlich in Schwierigkeiten. Dieses Seegebiet schien ihm weitgehend unbekannt.

Was war passiert?

Als Moderator hatte ich nicht aufgepaßt und zugelassen, daß der PSI-Akteur sich selbst ablenkte. Hintergrund:

Der Mann kannte ja die Seegebiete im weiten Umkreis. Ich hatte nicht bedacht, daß er versuchen würde, das Seegebiet anhand des Musters, das sich in seinem Gehirn aufgebaut hatte, zu identifizieren, sobald er genügend Anhaltspunkte besaß.

Nachdem er auf die Aufgabenstellung zurückgeführt worden war, meldete er als nächstes, daß gerade vor unserem Boot, etwas links in vierzig bis 45 Minuten Entfernung, uns ein Schiff entgegenkam.

Das Radar zeigte noch nichts dergleichen an.

Die Farbe des Schiffs sei dunkel oder schwarz, sagte er.

Unter realen Bedingungen wurde die Sicht wieder schlechter. Wir konnten nur noch etwa fünfzig Meter weit sehen. Der Skipper blieb nun bei seinen Instrumenten, doch am Kurs war nichts zu beanstanden oder zu korrigieren. Trotzdem starrten jetzt ständig vier Augen auf die Instrumente, denn laut Karte lag eine Sandbank voraus.

»Irgendwo da vorn, weit in der Ferne, eine Sandbank oder eine Insel«, meldete der PSI-Akteur. »Das Wasser wird dort immer flacher. Ob Sandbank oder Insel, kann ich nicht sagen. Ich habe sie auf der Skizze vermerkt«, sagte er.

Der Motor brummte vor sich hin. Es schien, als würde es immer kälter werden. Kein Wind war zu spüren.

»Hör mal, die Sache mit der Sandbank oder Insel, wie hast du das gemacht?« fragte ich ihn.

»Ganz einfach«, sagte er, »ich dachte an die Fische im Wasser und konzentrierte mich auf sie. Ist da irgendein Hindernis, das sie sehen? Ist da eine Gefahr im Wasser? Aber da war nichts zu sehen. Das Wasser zeigte sich nur etwas aufgewühlt, aber kein Hindernis kam in mir zum Tragen ... Wie schnell fahren wir jetzt?« fragte er prüfend.

»Schätzungsweise sieben Knoten.«

»6,8 Knoten genau«, gab der Skipper an, der gerade aus der Kajüte kam. »Ich habe eben die Instrumente abgelesen«, sagte er, nahm seinen Becher und trank. »Erzähl mir, was du so im Kopf gefunden hast, für diese Tour. Schiffe, Sonstiges ...«

Der PSI-Akteur erzählte von dem Schiff und von der Sandbank und daß wir nach seiner Meinung auf Kurs waren. Wir saßen da und froren.

»Der Treibstofftank wird fast leer sein, wenn wir ankommen«, sagte der Skipper besorgt. »Ich habe vergessen, den Treibstoff zu überprüfen. Meinst du, es wird reichen?«

»Ja«, beruhigte ihn der PSI-Akteur.

Doch der Skipper stand wieder auf und machte sich daran, die Anzeige des Treibstofftanks im Navigationsraum abzulesen. Als er zurückkam, fragte er: »Bist du wirklich sicher, daß wir damit auskommen?«

»Ja, ganz sicher. Sofern mein Kopf normal arbeitet!«

Die Zeit verging. Keiner sagte ein Wort. Es schien, als seien wir die einzigen Seefahrer weit und breit. Für eine Bootsüberführung war es ja tatsächlich etwas spät im Jahr.

»Wir werden in wenigen Minuten ein schwarzes Schiff sehen«, sagte der PSI-Akteur.

»Etwas genauer, bitte«, forderte ich. »Von wo nach wo fährt es? Um was für ein Schiff handelt es sich? Wir machen hier einen Versuch und keine Kaffeefahrt!«

Er war nun sichtlich gereizt. Die Kälte machte allen zu schaffen. »Ein Frachtschiff, von links nach rechts, Geschwindigkeit zirka elf bis zwölf Knoten, direkt vor uns. Wird gleich auftauchen.«

Der Skipper nahm das Fernglas und suchte den Horizont ab. Ich wußte, daß er bei der schlechten Sicht nichts erkennen würde. Kurz darauf setzte er das Glas ab und sagte:

»Ich sehe nichts, bist du sicher?«

Fast im selben Augenblick ertönte aus der Kajüte ein Ruf: »Wir haben ihn jetzt drauf!«

Nach einiger Zeit tauchte das Schiff aus der dicken Suppe wie ein dunkler Schatten auf.

»Da ist er!« Ich zeigte in die Richtung, aus der das Schiff kam.

Der Skipper nahm erneut das Fernglas. »Du hast recht, es ist ein Frachter.« Seine Worte drückten sowohl Zufriedenheit als auch Erstaunen aus. Durch das Radar hatte er die ganze Zeit von dem Schiff gewußt, zugleich aber vorgegeben, nicht im Bilde zu sein.

Das Motorengeräusch wurde lauter, der Frachter einigermaßen sichtbar, verschwand aber rasch wieder in dem Grau, das uns umgab.

»Ich werde mich etwas hinlegen«, sagte der Skipper. »Wenn du eine Kurskorrektur machst, laß es mich wissen, damit ich es überprüfen kann.«

Mir war klar, daß er auf die Punkte anspielte, die der PSI-Akteur ansteuern sollte. Der erste Punkt war ein Leuchtturm.

Der PSI-Akteur hatte sich wieder hingekauert. Er schien, als ob er nach etwas suchte. »Ich habe den Punkt jetzt im Kopf«, sagte er kurz darauf. »Ich fühle zu meiner linken Seite in der Ferne Land. Es ist der Leuchtturm«, sagte er, »der müßte dort sein, aber das zu wissen ist keine Leistung mehr.«

Die Zeit dehnte sich. Die Sekunden wurden zu Minuten, die Minuten zu Stunden.

»Der Leuchtturm kommt bald in Sicht«, sagte irgendwann der PSI-Akteur, und ich gab es in die Kajüte weiter. »Ich werde den Kurs bald ändern«, fügte er hinzu.

Es dauerte einen Moment bis der Skipper wieder an Deck kam. »Laß mal sehen, wo er ist«, sagte er und hob das Fernglas. »Was für eine Sicht! Ich werde es mit den

Karten und dem GPS vergleichen«, fügte er hinzu. »Wir werden ja sehen, ob du recht hast.« Während dieser Worte ging er zurück in die Kajüte.

»Du hast recht!« kam es gleich danach aus dem Navigationsbereich. »So, jetzt gib mit noch den neuen Kurs, für den du dich entschieden hast, um den zweiten Punkt anzulaufen«, verlangte der Skipper, nachdem er zu uns zurückgekehrt war.

Um es kurz zu machen: Auch diese Aufgabe löste der PSI-Akteur bravourös. Und wer von uns an seinen Fähigkeiten noch gezweifelt hätte, wäre spätestens bei der Einfahrt in den Hafen überzeugt worden: Die Anlage stimmte Punkt für Punkt mit der Skizze überein, die der PSI-Akteur vor Antritt der Fahrt gezeichnet hatte.

Analyse der PSI-Segeltour

Wie der PSI-Akteur die Sandbank ausgemacht hatte, das schien mir eine echte Leistung zu sein. Einige Tage später fragte ich ihn noch einmal danach.

»Ich habe die geistigen Arme ausgestreckt«, sagte er, »und meine Augen haben sich auf die Sicht der Fische unter Wasser programmiert. Ich habe mit deren Augen die Sandbank erfaßt. Die Wassertiefe betrug etwa achtzig Zentimeter. Sonst war da nichts Besonderes. Keine Boote weit und breit.«

Anschließend versuchten wir diese Fahrt noch einmal durchzuspielen und zu analysieren. Wir waren uns einig, daß PSI-Befähigte besonders geeignet schienen, auf Gefahren aufmerksam zu machen, die in unbekannten Gewässern lauern könnten.

Einen PSI-Akteur auf einem großen Schiff einzusetzen und auf die Instrumente zu verzichten, erschien keinem von uns ratsam, da unser PSI-Akteur zwar die richtige

Richtung eingeschlagen hatte, aber keinen Idealkurs gefahren war.

Doch die Resultate waren dennoch tief beeindruckend. Eines Tages, so beschlossen wir, würden wir dieses Experiment unter idealen Bedingungen wiederholen, um weitere Aufschlüsse über die ungeahnten Möglichkeiten übersinnlicher Lotsen zu gewinnen.

IV
Der große PSI-Selbsttest

Um die Welt des Übersinnlichen wirklich kennenzulernen, muß man sich dazu durchringen, es auch einmal selbst zu probieren. Hierbei denke ich weniger an Hokuspokus, wie man ihn gerne auf Friedhöfen oder an sonstigen gruseligen Orten (in alten Gewölben, Kellern oder verfallenen Burgen) praktiziert. Diese Gesellschaftsspiele zum Test der psychischen Belastbarkeit sind hier nicht gemeint. Vielmehr wollen wir Ihren ersten PSI-Selbsttest so systematisch wie möglich angehen.

Ich möchte Ihnen nun einige Techniken vorstellen, wie Sie Ihre eigenen verborgenen Talente testen können. Hierbei sollten Sie sich nicht entmutigen lassen, wenn es im ersten Anlauf nicht so klappt, wie Sie sich das ausgemalt haben, und sich weder ein Wesen aus einer fremden Welt bei Ihnen einfindet noch ein Tor zur nächsten Dimension aufspringt.

Zur Vorbereitung der Selbsttests

Einige Faktoren beeinflussen Ihren Selbsttest. Da ist zum einen das Lebensalter. Je jünger Sie sind, desto sensibler sind Sie – aber desto weniger zuverlässig ist auch der Selbsttest, da die Vermischung von Sensibilität und jugendlicher Kreativität ein stark verzerrtes Ergebnis liefert.

Zum anderen kann sich der ausgeprägte Wunsch, augenblicklich zu anderen Dimensionen vorzudringen und das Unbekannte umstandslos zu »konsumieren«, als hinderlich erweisen. Mit Gewalt ist auf diesem Gebiet ohnehin nichts zu erreichen.

Je älter Sie sind, desto stärker wird der Grad Ihrer bisherigen Erfahrungen eine Rolle spielen. Vielleicht haben Sie sich im Laufe Ihres Lebens schon mit Yoga oder anderen Übungen eine bestimmte Sensibilisierung erarbeitet oder sich viel mit dem Phänomen des Übersinnlichen beschäftigt, ob praktisch oder als interessierter Leser einschlägiger Bücher. So ist es durchaus möglich, daß Sie schon »mittendrin« sind, ohne es zu wissen.

Auch wenn Sie Ihre Fähigkeiten prinzipiell schon kennen, aber noch einmal testen möchten, sind Sie hier an der richtigen Stelle.

Für alle Selbsttester gilt, daß nicht alle Tage gleich und Sie den Spielregeln der übersinnlichen Dimensionen unterworfen sind. Neben jahreszeitlichen Schwankungen können auch Abhängigkeiten von geophysikalischen Phänomenen auf die Biosphäre des einzelnen Einfluß nehmen.

Maßnahmen bei Testproblemen

Schließlich möchte ich noch auf einen wichtigen Punkt aufmerksam machen. Die hier vorgeschlagenen Tests sind nicht »unfehlbar«. Eine alte Weisheit lautet: Es gibt keine schlechten Schüler, es gibt nur schlechte Lehrer. Wenn also einige dieser Versuche fehlschlagen sollten, seien Sie nicht verzweifelt, vielleicht gibt es weitere Tests, die genau zu Ihnen passen und Ihre verborgenen Talente besser als meine Vorschläge zutage fördern können.

Für alle Fälle sei hier noch ein kleiner Kniff verraten, wie man vorgehen könnte, wenn die Tests zunächst zu keinem Ergebnis geführt haben:

Als erstes empfehle ich, dieses Buch ein zweites Mal zu lesen – nun aber nicht in der von mir vorgegebenen Reihenfolge. Nachdem Sie die Inhalte dieses Buchs kennen, machen Sie sich frei von meiner Vorgabe und lesen in der Reihenfolge der Kapitel, Abschnitte oder Absätze, die Sie für sich am ehesten akzeptieren können. Markieren Sie diese Stellen.

Nachdem Sie diese Aufgabe erledigt haben, lesen Sie die betreffenden Abschnitte und Absätze hintereinander und lassen alles andere weg.

Was bezwecke ich mit diesem Rat? Indem Sie die Texte lesen, die Ihr Innerstes, also auch Ihr Unterbewußtsein ansprechen, bringen Sie Ihre individuelle Sensibilität zum Klingen.

Darüber hinaus können wir nun noch eine provisorische Kontrolle aufbauen:

Stellen Sie die Dinge in Frage, von denen Sie gelesen haben. Stimmen Sie die sogenannte geistige Realität mit der von Ihnen wahrgenommen Wirklichkeit ab, indem Sie festlegen, was für Sie richtig und was falsch ist. Damit haben Sie für sich eine Plattform geschaffen, eine Art provisorischer Meßlatte, an der Sie sich orientieren können, um auf dem weiteren Weg möglichst Fehler zu vermeiden. Selbst wenn diese Plattform eher provisorisch als professionell ist, erfüllt sie doch ihren Zweck und alles Weitere wird sich weisen.

Hilfsmittel und Hilfspersonen

Nun benötigen Sie noch eine Assistentin oder einen Assistenten. Diese Person ist unbedingt erforderlich, denn Sie erproben sich selbst mit ihrer Hilfe, auch wenn durch die Versuchsanordnung der Eindruck entstehen könnte, daß diese Person Sie testet. Suchen Sie sich eine Hilfsperson aus, die Ihnen gleichgesinnt ist.

Weitere wichtige Hinweise: Achten Sie auf eine ruhige Atmosphäre bei sich zu Hause, in möglichst vertrauter Umgebung. Informieren Sie Ihr Gegenüber, was sie austesten wollen. Er/Sie muß für Ihren Wunsch offen sein. Falls Sie merken, daß die Person trotz aller Freundschaft eigentlich nicht mitmachen will, sollten Sie es lieber lassen, denn Sie bewegen sich auf dem Terrain der Sensibilität für Übersinnliches.

Stellen Sie sich vor, als sensibilisierter Mensch empfingen Sie Unbehagen und Ablehnung Ihrer Hilfsperson. Die unbewußte, von ihr ungewollte Fehlleitung Ihres Tests wäre so zwangsläufig vorprogrammiert.

Achtung: Falls der Test erfolgreich verläuft, werden Sie in Ihrer Freude vielleicht versuchen, Ihre neu entdeckten Fähigkeiten unter Beweis zu stellen. Bei dieser Selbstdarstellung werden Sie kläglich scheitern, denn unter Ihren Zuschauern wird es Personen geben, die *wollen, daß es nicht klappt.* Und gerade weil Sie nun sensibel sind, *wird* es nicht klappen, denn Sie werden durch dieses telepathische Signal abgelenkt, gestört und desensibilisiert. Ähnlich wie unsere Augen nach einem Blitzlicht für Sekundenbruchteile nichts mehr registrieren können, vermögen dann auch Sie unter dieser Störeinwirkung nichts mehr zu erfühlen.

Erinnern Sie sich, wie Mr. Bill Gates kürzlich vor einem Millionenpublikum vorführen wollte, daß sein neues Betriebssystem nicht abstürzen könne? Natürlich stürzte es just in diesem Augenblick ab, da sich das Wunschgefühl derjenigen in seinem Millionenpublikum vereinigte, die den Absturz sehen wollten.

In einem weit fortgeschrittenen Stadium der entwickelten Sensibilität und der Fähigkeit zur Abschirmung vor Fremdeinflüssen könnten Sie diese Versuche trotz aller erdenklichen Störungen jederzeit vorführen. Aber dann werden Sie solche Demonstrationen ohnehin verschmähen, weil ... Sie dann längst weit über solchen eitlen Gelüsten stehen.

Justieren der Körperreaktionen

1. Legen Sie zwei Spielkarten, eine rote und eine schwarze, bereit. Am besten eignen sich HERZ-9 und KREUZ-9.
2. Nehmen Sie die HERZ-9 in die Hände und fühlen die Karte. Drehen Sie die Karte in Ihren Händen und versuchen sie mit Ihrem ganzen Körper zu erfühlen.
3. Beobachten Sie sich. Bei dem einen wird nach einiger Zeit zum Beispiel der linke Fuß warm oder kalt, einem anderen juckt die Nase, oder es zuckt in der Hand usw. Auswertung: Was auch immer Sie spüren mögen, mit dieser Reaktion versucht Ihre Sensibilität Ihnen mitzuteilen, daß der betreffende körpersprachliche Ausdruck in der Sprache des Übersinnlichen als Zeichen für HERZ-9 benutzt wird.
4. Nun nehmen Sie die KREUZ-9 in die Hände und verfahren genau wie mit der ersten Karte. Sehen Sie sich die Karte von allen Seiten an. Prüfen und fühlen Sie die Karte. Auswertung: siehe Punkt 3. Welche Reaktion des Körpers trat diesmal auf?
5. Wenn diese erste Programmierung Ihrer Reaktionen

auf Anhieb geklappt hat, können Sie mit dem ersten Selbsttest beginnen. Wenn nicht, sollten Sie den Versuch so lange wiederholen, bis diese erste Justierung klar und deutlich gelungen ist.

Vorsicht: Es kann sein, daß Sie bei einer der beiden Karten überhaupt keine Reaktion spüren. Das muß nicht bedeuten, daß Sie »versagt« haben. Überprüfen Sie in diesem Fall, ob nicht diese Nichtreaktion die gesuchte Antwort ist. Die Justierung sähe dann z. B. so aus: körperliche Reaktion x = rote Karte; keine Reaktion = schwarze Karte.

Erster Selbsttest: Identifizierung von Farben

1. Nachdem Sie sich auf die beiden Karten justiert haben, mischen Sie beide mit den Bildern nach unten, bis Sie nicht mehr wissen, welche Karte oben bzw. unten liegt, oder lassen sie durch Ihren Assistenten mischen.
2. Legen Sie beide Karten verdeckt vor sich auf den Tisch.

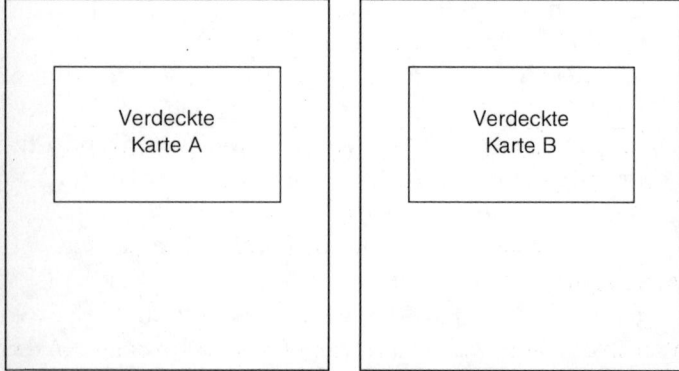

Abbildung 7: Zu Beginn des ersten Selbsttests liegen die beiden Karten verdeckt auf dem Tisch.

3. Legen Sie auf eine der Karten Ihre Hand, und fühlen Sie die Karte. Sie können sie auch etwas anheben und mit beiden Händen fühlen – natürlich ohne sie aufzudecken.

4. Registrieren Sie nun, was Sie erfühlt haben und was Ihre Sensibilität Ihnen körpersprachlich mitteilt. Merken Sie sich diese Reaktion auf die erste Karte.

5. Nun verfahren Sie mit der zweiten Karte genauso. Kehren Sie erforderlichenfalls noch einmal zur ersten Karte zurück, bis Sie beide Karten sicher identifizieren können.

6. Wenn beide Vorgänge abgeschlossen sind, drehen Sie die erste Karte um.

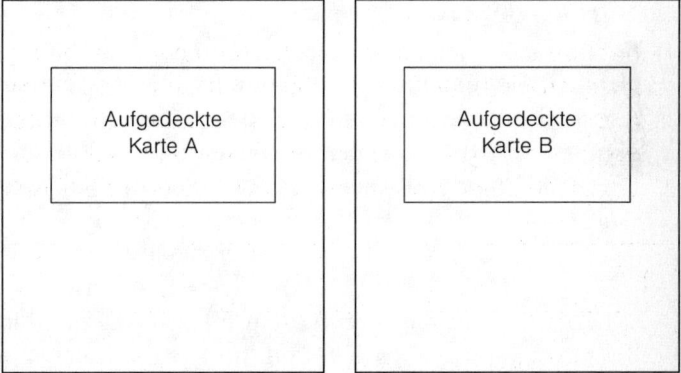

Abbildung 8: Nachdem Sie Ihre Körperreaktionen auf beide Karten registriert haben, wird die erste Karte aufgedeckt.

Auswertung

War Ihre Wahrnehmung richtig? Wenn ja, sehr gut! Wenn nicht, lassen Sie sich auf keinen Fall entmutigen. Bedenken Sie, daß wir uns in der Welt des Übersinnlichen bewegen und Sie Ihre ersten Schritte zu gehen versuchen. Erste Schritte auf unbekanntem Terrain fallen meist etwas unsicher aus.

Falls Sie überzeugt waren, die Karte richtig identifiziert zu haben, und nun durch Augenschein widerlegt wurden, müssen Sie sich nochmals neu justieren und sich die Körperreaktionen merken.

Wiederholen Sie nun bitte den ersten Selbsttest. Nach der Neujustierung müßten Sie es beim zweiten Versuch richtig treffen. Diesen Test sollten Sie nicht zu oft wiederholen, da er für Ihren Geist schnell langweilig wird und Ihre Konzentration rasch nachläßt, nachdem Sie viel psychische Energie für diese ersten Schritte verbraucht haben.

Fortsetzung des ersten Selbsttests

7. Nehmen Sie nun aus einem Kartendeck ein Bild hinzu, also eine Dame, einen König oder Buben. Weiterhin geht es nur darum, die beiden ersten Karten ROT und SCHWARZ zu identifizieren. Die dritte Karte ist also lediglich die erste Stufe der Erschwernis.
8. Nachdem Sie aus den drei Karten die rote und die schwarze Karte herausgefunden haben, erhöhen Sie die Zahl der Bildkarten in diesem Test. Es ist weiterhin Ihre Aufgabe, die KREUZ-9 und die HERZ-9 herauszufinden (nicht etwa, eine der Bildkarten zu identifizieren).

Auswertung

Wenn Sie diesen Versuch erfolgreich abschließen konnten, sind Sie auf dem Weg in die Welt des Unerklärlichen. Die ersten Schritte sind immer die schwersten, sagt eine alte Binsenweisheit, so auch hier.

Übrigens: Nebenher haben Sie bei diesem ersten Test auch die Erfahrung gemacht, daß und wie Ihr Körper mit Ihrem Ich – Ihrer auf die reale Welt programmierten Intelligenz – spricht.

Der zweite Selbsttest: Zahlen identifizieren

Wiederholen Sie nun den ersten Selbsttest, diesmal aber mit Zahlen statt mit Farben. Benutzen Sie hierfür Karten mit den Zahlen 9 und 7. Diese beiden Zahlen unterscheiden sich signifikant: Die 9 ist ausschließlich rund und die 7 eckig.

Verfahren Sie nun wie bei der Unterscheidung von SCHWARZ und ROT im ersten Selbsttest beschrieben. Beginnen Sie mit zwei Karten und erhöhen die Anzahl nach und nach, indem Sie Bildkarten hinzunehmen. Verwenden Sie aber nicht mehr als fünf Karten, um sich die Aufgabe für den Anfang nicht unnötig zu erschweren.

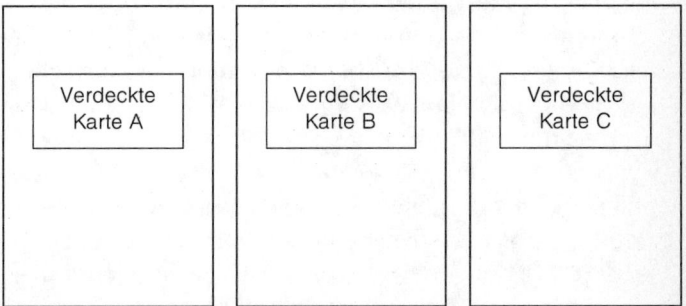

Abbildung 9: Im Verlauf des zweiten Selbsttests sollten Sie die Anzahl der hinzugefügten Bildkarten nach und nach steigern.

Dritter Selbsttest: geistiges Hören

Vor allem denjenigen meiner Leser, die ein besonders gutes Gehör haben, empfehle ich auch den folgenden Test:

1. Nehmen Sie zwei CDs oder Tonbänder, auf denen je eines Ihrer Lieblingsmusikstücke gespeichert ist.
2. Hören Sie sich zunächst das erste Musikstück noch einmal an, und fühlen Sie die Klangfolge möglichst tief in sich hinein. Nun nehmen Sie den betreffenden Tonträger und halten ihn in den Händen oder zwischen Ihren Handflächen.
3. Versuchen Sie die Musik durch Ihre Hände zu erfühlen. Fühlen Sie die Schwingungen, die sich auf dem Tonträger befinden, und versuchen Sie die Musik durch Ihre Hände zu hören.
4. Nun legen Sie den anderen Tonträger ein und hören sich diese Musik an. Danach verfahren Sie genauso wie mit dem ersten Tonträger.
5. Sodann stecken Sie jeden Tonträger in einen Umschlag, so daß sie anhand der Konturen nicht die Inhalte unterscheiden können, und lassen diese Umschläge so lange von Ihrem Assistenten vertauschen, bis Sie nicht mehr wissen, was sich in welchem Umschlag befindet.
6. Wenn beide Umschläge auf dem Tisch liegen, nehmen Sie zunächst den einen in Ihre Hände und erfühlen die dort gespeicherte Musik im Umschlag. Versuchen Sie die Schwingungen der Musik zu hören oder zu fühlen. Lassen Sie sich Zeit, viel Zeit.
7. Danach nehmen Sie den zweiten Umschlag und verfahren ebenso. Entscheiden Sie, welche Musik sich in welchem Umschlag befindet.
8. Nun öffnen Sie den ersten Umschlag: War Ihre Wahr-

nehmung richtig? Denken Sie an die Möglichkeit anfänglicher Justierungsprobleme, behalten Sie das System bei und der Erfolg wird sich einstellen.

Vierter Selbsttest: geistiges Riechen

Dieser Versuch wendet sich vor allem an diejenigen, deren Geruchsinn besser ausgeprägt ist als Hör- oder Sehfähigkeit.

1. Nehmen Sie zwei verschiedene Gewürze in Pulverform aus Ihrem Gewürzregal. Füllen Sie von beiden Gewürzen etwas in kleine Plastiktüten ab. Achten Sie darauf, daß die Mengen und das Gewicht weitgehend gleich sind. Auch sollten die Tüten von gleicher Größe sein.

2. Nun öffnen Sie eine Tüte, riechen das Gewürz und achten auf die Veränderungen/Reaktionen Ihres Körpers. Merken Sie sich diese Information.

3. Nehmen Sie jetzt die zweite Tüte und verfahren ebenso.

4. Lassen Sie die Plastiktüten durch Ihren Assistenten verschließen und beide in undurchsichtige, gleich große Briefumschläge stecken. Nun werden die Umschläge so lange vertauscht, bis Sie nicht mehr wissen, was sich in welchen Umschlag befindet.

5. Sodann nehmen Sie den ersten Umschlag in die Hand und versuchen durch Ihre Hände mit jeder Pore durch den Umschlag zu »riechen«. Fühlen Sie das Gewürz? Lassen Sie sich Zeit. Um welches der beiden Gewürze handelte es sich? Welche Körperreaktion empfinden Sie?

6. Wenn Sie den Vorgang abgeschlossen haben und sicher sind, welches Gewürz im ersten Umschlag ist, nehmen Sie den zweiten Umschlag und verfahren wie mit dem ersten.

7. Nun erst öffnen Sie die Umschläge und überprüfen den Inhalt und Ihre Aussage.

Hinweis für diejenigen, welche die Umschläge verwechselt haben: Denken Sie an die Möglichkeit anfänglicher Justierungsprobleme und wiederholen Sie den Vorgang.

Intermezzo

Gestatten Sie mir als Ihrem Begleiter in die Welt des Übersinnlichen an dieser Stelle eine Zwischenbemerkung. Die ersten vier Selbsttests bezogen sich auf Ihre Sensibilität und die Sprache – vielmehr die Worte –, die Ihr Übersinnliches durch Ihren Körper sprechen ließ.

·· Pause ··

Bitte halten Sie einen Moment inne, bevor Sie weiterlesen, und versuchen genau diesen Vorgang zu verstehen.

·· Pause ··

Ihre Sensibilität ist angeboren und im Lauf der Jahre vielleicht verschüttet, d. h. durch äußere Umstände verschmutzt worden. Die ersten Selbsttest dienten also dazu, sie zu reinigen.

Um nun zu überprüfen, ob diese Reinigung Wirkung zeigt, müssen wir zu begreifen lernen, was wir zivilisierten Menschen vergessen haben, nämlich wie unser Körper als Medium der Kommunikation mit dem Übersinnlichen benutzt werden kann. Wir müssen uns heute noch keine Gedanken darüber machen, welche Nerven wie in der Lage sind, feinstoffliche, hyperschwache Impulse als Träger von

Informationen zu benutzen. Für uns alle kann vorerst noch genügen, daß es tatsächlich funktioniert.

Fünfter Selbsttest: die Sprache der Natur

Haben wir bisher getestet und zu erfahren versucht, *wie das Geistige zu uns spricht*, so geht es im fünften Selbsttest darum, diese Erfahrung zu erweitern: *Wie spricht die Natur zu mir?*

1. Wenn Sie sich in der Natur aufhalten, zum Beispiel im Urlaub am Strand, nehmen Sie bitte einen kleinen Stein in die Hand, und erfühlen Sie ihn, bis Sie überzeugt davon sind, ihn mit Ihrem ganzen Körper erfühlen zu können. Vielleicht hilft es Ihnen, wenn Sie sich vorstellen, wie viele Millionen Jahre er gewartet hat, bis Sie ihn in die Hand nehmen.
2. Lassen Sie von einem Assistenten drei kleine Löcher in den Sand graben und den Stein in einem der Löcher vergraben.
3. Lassen Sie die Löcher schließen, und markieren Sie diese Löcher mit einem Kreis.
4. Nun erfühlen Sie (wie oben bei den Kartenexperimenten), wo sich der Stein befindet. Die grundsätzliche Verfahrensweise ist den vorangegangenen Tests ähnlich. Stellen Sie sich, falls Ihnen dieses Vorgehen zu große Schwierigkeiten bereitet, einfach vor, der Stein würde jetzt aus seinem Sandhaus nach Ihnen rufen.

Die Objekte, die Sie für Ihre Selbsttests verwenden, können natürlich die verschiedensten Formen und Farben aufweisen. Das Prinzip dürfte Ihnen nun hinreichend klar geworden sein. Wenn Sie einen Weg gefunden haben, echt mit der Natur zu sprechen, haben Sie den Franziskusweg für sich entdeckt – den Weg des heiligen Franz von Assisi, der mit den Vögeln zu sprechen verstand.

Das auch hinter unserer Selbsttestreihe wirkende Geheimnis läßt sich vereinfacht so zusammenfassen: *Den Zugang zum Übersinnlichen über unser Sinne in Form von Reaktionen unseres Körpers zu suchen ist das Ziel.*

Wer dieses Prinzip wirklich erkannt hat, steht nicht länger als Bettler mit leerer Hand an der Prachtstraße der vielfältigen Schöpfung.

Testvarianten

Die individuellen Talente sind unterschiedlich. Der eine von uns kann gut lesen, d. h. seine Geist-Körper-Verbindung funktioniert bestens über das Medium Lesen. In diesem Fall sollte er für seine Tests Karten verwenden, die Worte enthalten. Tip: Achten Sie auch darauf, ob Groß- oder Kleinschreibung für Sie wichtig sind.

Für jene, deren Kommunikation am besten über Bilder funktioniert, alle visuellen Typen also, die sich ein Bild, ein Gesicht usw. schnell und perfekt merken können, könnte der Einsatz von Fotos im Test eine Alternative sein.

Wer zu denjenigen gehört, deren Nase besonders sensibel ist, könnte statt der Gewürze zum Beispiel auch Gräser oder getrocknete Blumen verwenden. Parfum eignet sich wegen der langen Duftspur weniger für unsere Selbsttests.

Der Vielfalt kann hier allenfalls die eigene Fantasie Grenzen setzen: Für Kaufleute und Banker eignen sich Geldscheine als Versuchsobjekte. Für Menschen in Buchhaltungsberufen sind bezahlte und unbezahlte Rechnungen ebenfalls gute Testobjekte.

Kurzum: Beurteilen Sie selbst, und entscheiden Sie für sich, wo Ihre Veranlagung besonders entwickelt sein könnte. Und beginnen Sie bei Ihrem Training genau mit diesen Gegenständen oder Sinnesreizen.

Einige Grundregeln für PSI-Akteure

Eine grundsätzlich Regel, die der Anfänger sich antrainieren muß, lautet: *Bitte vorab nichts in Frage stellen.*

Beispielsweise können sich Farben von Person zu Person unterschiedlich darstellen. Finden Sie nach und nach heraus, warum es sich Ihnen so darstellt.

* Verabschieden Sie sich von der Vorstellung, daß alle Augen im Prinzip das Gleiche sähen. Der Blick in die andere Sphäre erfordert andere, neue Sichtweiten und Sichtweisen, die verstanden werden wollen.
* Seien Sie so genau wie möglich mit dem, was Sie im Kopf zu sehen glauben. Achten Sie auf die Farben und Formen, die sich vor Ihrem geistigen Auge, das auch das dritte Auge genannt wird, zeigen.
* Haben Sie mit sich und Ihrer Umwelt Geduld, und nehmen Sie sich Zeit. Niemand fordert von Ihnen Wunder, dennoch können Sie vielleicht bald einen Erfolg für sich verzeichnen, Informationen durch Ihr drittes Auge einfangen und für sich verwenden.
* Wenn Sie dabei Dinge sehen, die Sie noch nie gesehen haben, beschreiben Sie diese, und gleichen Sie Ihre Beschreibung mit der einer anderen sehenden Person ab, um Fehler zu vermeiden.

Tips für PSI-Akteure

1. Tip

Üben Sie Ihre Fähigkeiten, anderen Wesen zu begegnen. Falls Ihnen eine Person bekannt ist, die anderen Wesen begegnet, beobachten Sie deren Verhalten. Meist behalten diese Art von Menschen ihr Können und Wissen für sich.

2. Tip

Begegnen Sie jedem Lebewesen mit Respekt. Üben Sie ohne großen Aufwand schon lange im voraus die Begegnung mit Ihnen fremden PSI-Formen ein. Oft sind denen solche Begegnungen schon lange vorher bekannt. Sie wissen, daß Sie die Begegnung suchen werden. Versuchen Sie nicht wie im täglichen Leben, sich mit kleinen Lügen besser darzustellen, als Sie sind. Seien Sie immer 100 % ehrlich, wenn Sie diesen Wesen begegnen.

3. Tip

Hören Sie genau zu, wenn eines dieser Wesen mit Ihnen spricht. Beachten Sie seine Bewegungen und seine Schwingungen. Die Sprache ist oft mehrdimensional, d.h. sie »entpackt« sich erst nach und nach, zu einem späteren Zeitpunkt – und erst dann wird Ihnen das Gesagte verständlich.

Der nachfolgende Satz ist, PSI-dimensional zerlegt, ein typisches Beispiel:

Es ist wie es ist, daß nichts ist, wie es ist.   ⇓

	Daß			Das(s)
Es	es	es		es
Ist	ist	ist	ist	ist
	Wie	wie		wie
	nichts			nichts

Nach der Häufigkeit sortiert:
4 x *ist*
3 x *es*
2 x *wie*
1 x *das*
1 x *nichts*
oder
1 x *nichts*
4 x *ist*
3 x *es*
2 x *wie*
1 x *das*

Erkennen Sie weitere Dimensionen?

4. Tip

Erkennen Sie PSI-Energie: Registrieren Sie die Form der Signale, achten Sie zum Beispiel auf die Bewegung Ihrer Pflanzen, die wie von Geisterhand, obwohl kein Lüftchen in Ihrer Wohnung weht, ihre Blätter bewegen. Versuchen Sie bei solchen Situationen alle Sinne zu öffnen, um mögliche Informationen wahrzunehmen.

5. Tip

Man will Ihnen in Ihrer Entwicklung helfen. Nehmen Sie diese Hilfe an. Die Kontakte und Hilfen kommen meist dann besonders zum Tragen, wenn Sie sie dringend benötigen. Die Antworten auf Probleme werden sich in den meisten Fällen umgehend einstellen. Diese Form der PSI-Energie oder -Kräfte ist nicht so einfach zu erklären.

Seien Sie nicht wie die Menschen, von denen ein Mönch sagte: Die Menschen, die ich anspreche, sind in sich selbst nicht zu Hause. Man kann anklopfen und niemand ist da. Sie sind mit den Gedanken überall, nur nicht zu Hause.

6. Tip

Wenn Sie einen alten starken Baum genau ansehen, wird Ihnen bewußt, daß dieser Baum eine besondere Ausstrahlung hat. Lehnen Sie sich gegen ihn, umarmen Sie ihn. Der Baum ist nicht nur ein Stück Holz, ein Baum ist Leben.

7. Tip

Für Mönche in aller Welt ist es einfach, PSI-Fähigkeiten zu erlangen. Aber es ist nicht so einfach, einen Mönch dazu zu bringen, seine besonderen Fähigkeiten zu zeigen.

Ein Beispiel: Auf einer Reise besuchte ich einen Einsiedler auf einem Berg, der dort schon Jahrzehnte lebte. Er sprach von den Physikern und ihren neuen Ergebnissen, obwohl er keinerlei Bücher, Zeitschriften oder Radio, geschweige denn einen Fernseher besaß. Seine Worte waren wie die eines Professors, der einen Vortrag an einer Universität vor seinen Studenten hielt. Er hatte das PSI in Vollendung mit Weisheit gepaart.

V
Bunte Splitter aus der Welt des Übersinnlichen

Worüber diskutiert man derzeit in Kreisen der PSI-Experten? Gegenwärtig drehen sich viele Gespräche darum, wie man sich vor den neuesten Techniken der Massensuggestion schützen kann. Angeblich sind eine Reihe von Techniken entwickelt worden, die man schlechthin als zu abgefahren bezeichnen müßte, wenn nicht ein wahrer Kern in den Gerüchten und Spekulationen stecken würde.

Übersinnliche Manipulation durch Massenmedien?

Es gibt Experten, die in ihrem Haus kein Radio und keinen Fernseher stehen haben. Sie sehen sich keine Filme im Kino an und meiden überdachte Großstadien. Auch im Internet sucht man sie vergeblich.

Der Hintergrund dieses Verhaltens: Insidern ist bekannt, daß mit Programmierungen experimentiert wird, die über Massenkommunikationsmittel laufen. Besonders geeignet sind überdachte Gänge, Hallen und Stadien, weil das Konstruktionsgestänge als Sendeantenne für lange Wellen mit niedriger Frequenz benutzt werden kann, um der Hypnose ähnliche Phänomene im Gehirn zu erzeugen.

Visuelle Phänomene können über Kino, Fernsehen und

Internet den Gehirnen eingebrannt werden. Die heraufziehende Gefahr sieht man darin, daß wir einfach nicht wissen können, worauf, wofür und wie wir schon programmiert sind oder programmiert werden könnten. Darum die Abstinenz, denn den Manipulationsmöglichkeiten sind keine Grenzen gesetzt.

Die Phantasie eines George Orwell wirkt dagegen geradezu naiv. Der künftige totalitäre Staat braucht keine Überwachungskameras und keine Polizeimaschinerie. Er braucht nur noch Bürger, die sich den Massenunterhaltungstechniken vergnügt hingeben. Im alten Rom mußten die Cäsaren einzig für Brot und Spiele der Bürger sorgen. Auch im neuen »elektronischen Rom« bekommen die Bürger Brot und Spiele. Was wollen sie mehr?

Geheimpläne der Supermächte

Ein ideales Einsatzgebiet tut sich für PSI-Akteure auf, wenn es die Frage zu beantworten gilt, wovor sich der innere Kreis der Politiker der Weltmächte fürchtet.

Meine Frage an einige PSI-Akteure lautete in diesem Zusammenhang: Wovor haben die Supermächte dieser Welt zum Zeitpunkt der Endfassung dieses Manuskripts – Mitte 1998 – wirklich Angst? Glauben Sie bitte nicht, daß ich scherze, aber meine PSI-Akteure hatten ihrerseits Angst davor, sich mit dieser Frage zu beschäftigen. Es gibt weltweit nur relativ wenige professionelle Akteure. Die meisten sind den einschlägigen Kreisen bekannt, und auch anhand des Stils, in dem sie ihre Aussage formulieren, können sie identifiziert werden. Daher mußte ich zunächst versichern, daß ich ihre Aussagen in meinen Worten wiedergegeben würde. Das habe ich auch getan, der Inhalt jedoch ist unverändert.

Echte PSI-Akteure haben verständliche Hemmungen, über dieses hochbrisante Thema zu sprechen, wenn sie – wie in diesem Fall – davon ausgehen müssen, daß das Ergebnis ihrer Arbeit an die Öffentlichkeit kommt. James Bond mag eine Fantasiefigur sein, aber zumindest bei PSI-Agenten wurde so häufig versucht, sie in ihrer Arbeit zu stören oder gar ganz ausschalten zu lassen, daß ihre Vorsicht mehr als verständlich ist.

Hierzu ein (leider nur allzu reales) Beispiel: Das geheimste Forschungsprojekt des Superstaates X ist die Entwicklung eines Systems, mittels dessen man Ergebnisse eines Experiments verfälschen kann, indem man telekinetisch den Ablauf *stört*. Dies ist die erste Stufe.

Die zweite Stufe (auch sie ist bereits Realität): Man hat eine Möglichkeit gefunden, die Materie in einem Versuchsablauf zu *zerstören*, indem man sie zum Verdampfen bringt. Nur ganz wenige Menschen wissen von dieser Entwicklung und daß der erste Einsatz dieser Waffe – denn um nichts anderes handelt es sich – in einem bestimmten Fall bereits erfolgreich war.

Angenommen, ich frage nun einen PSI-Akteur nach dem geheimsten Geheimnis eines Staates, und er plaudert, ohne zu überlegen, die oben geschilderte Entwicklung aus. Dann erkennen die wenigen Eingeweihten sofort eine undichte Stelle und setzen eine Recherche in Gang, um die Quelle der Nachricht aufzuspüren. Am Stil des betreffenden Fachmanns ist, wie gesagt, meist leicht zu erkennen, welcher der wenigen PSI-Akteure dieses Typs hier geplaudert hat.

Während ich am vorliegenden Kapitel schrieb, hatten Indien und Pakistan soeben ihre Atombomben gezündet. Ich rief einen meiner PSI-Bekannten an und fragte: »Was läuft bei den Regierungen in Indien und in Pakistan gerade wirklich ab?« Wir verabredeten, uns in einer lauten

Hotelhalle zu treffen, an einem Ort also, wo viele Gehirne aktiv sind und die Luft von Geräuschen erfüllt ist. Mein Bekannter wählte dieses Ambiente aus Vorsicht, damit man ihn nicht PSI-mäßig anpeilen konnte. Zu diesem Zeitpunkt sei ohnehin »die mentale Hölle los«, wie er mir sagte.

Als wir uns gegenübersaßen, schaute ich ihn fragend an: »Nun schieß mal los, was geht da zur Zeit in Wirklichkeit ab?«

Völlig überraschend erwiderte er: »Die Inder haben falsch reagiert, als sie die Versuche starteten, und daran sind die Amerikaner selbst schuld.« Die Amerikaner hätten sogar gewünscht, daß die Inder als erste ihre Versuche durchführten. Das habe mit Pakistan nichts zu tun. Vielmehr scheine beinahe jeder in diesen Tagen zu übersehen, daß die beiden Staaten auch ohne diese Versuche atomare Waffen hätten zum Einsatz bringen können. Drahtzieher des pakistanischen Vorgehens sei ein alter Bekannter der Amerikaner: der libysche Diktator Gaddhafi.[5]

»Die indische Regierung«, fuhr er fort, »ist so sauer, wie man nur sein kann. Ausgerechnet die haben nicht gemerkt, daß gegen alle Mitglieder, die in dieser Regierung entscheiden, ein experimenteller PSI-Angriff gefahren worden ist. Hinzu kommt, daß sie im ersten Moment der Meinung waren, dieser Angriff sei aus Pakistan gesteuert worden. Stimmt aber nicht. Es war ein westlich orientierter Staat[6], und das hat sie so getroffen!«

---

[5] Kurze Zeit später wurde ein Attentat auf Gaddhafi unternommen, das fehlschlug.

[6] Auch ich kann es kaum glauben, aber es muß wohl so sein, denn die Reaktionen anderer Staaten, denen ja die Angelegenheit umgehend bekannt geworden ist, lassen darauf schließen, daß er recht hat: Man baut zur Zeit im Eiltempo Teams von »geistigen Bodyguards« auf, um jeweils die zwei bis drei wichtigsten Entscheidungsträger eines Staates Tag und Nacht abzuschirmen.

»Jetzt werde doch einmal konkret«, warf ich ein, »worum geht es denn wirklich?«

»Der westliche bzw. westlich orientierte Staat – übrigens nicht die USA – wollte erreichen, daß Indien als erste die Atomversuche startet. Das war in der indischen Regierung nicht durchzusetzen. Folglich wurden bei den ministeriellen Atomtestgegnern Konzentrationsfähigkeit und Widerstandskraft solange mental beschossen[7], bis diejenigen, die für einen Versuch waren, sich mühelos durchsetzen konnten. Herausgekommen ist diese PSI-Manipulation durch einen geringfügigen diplomatischen Fehler: Plötzlich gingen den Indern die Augen auf. 36 Stunden nach dem ersten Test wußten die bereits Bescheid, und die Leitungen der Geheimdiplomatie begannen zu glühen.«

»Das ist eine ziemlich abgefahrene Geschichte«, sagte ich skeptisch. »Wenden wir uns lieber der Frage zu, wovor die Regierungen wirklich Angst haben.«

Hier nun das Gedächtnisprotokoll seines Berichtes:

Wie soll man als PSI-Akteur an eine solche Frage herangehen, ohne Gefahr zu laufen, in der Gedankenwelt der Bevölkerungsmehrheit des betreffenden Staates zu landen? Man tut sich in solchen Fällen schwer damit, die richtigen Fragen zu formulieren. Je mehr man sich auf die Frage konzentriert, desto mehr Informationen bekommt man. Grundsätzlich kann man die Ängste der Mächtigen auf drei Themen reduzieren:

1. Angst, ihren Einfluß zu verlieren,
2. Angst, ihr Vermögen zu verlieren,
3. Angst, daß andere mit ihnen so umspringen wer-

---

[7] Wie so etwas gemacht wird, möchte ich hier nicht ausbreiten, weil diese Technik für verschiedenste Zwecke mißbraucht werden kann.

den, wie sie selbst es heute mit ihren Mitmenschen tun.

Was den Einfluß angeht, da gibt es einige Mechanismen, die dafür sorgen sollen, daß jeweils die Richtigen an der Spitze stehen. Zur Zeit ist nirgends zu sehen, daß dieser Mechanismus gestört werden könnte. Die wirklich einflußreichen Gruppen bedienen sich schon seit langem der PSI-Akteure, um auch die unwahrscheinlichste Möglichkeit einer Gefährdung ihrer Positionen zu durchleuchten. Sie geben ja auch laufend Geld aus, um sich die Situationen der Zukunft immer wieder schildern zu lassen. Schließlich lebe auch ich selbst von diesem System.

Auf absehbare Zeit ist der Einfluß dieser Machteliten nicht gefährdet. Die schiere Menschenmasse garantiert ihren Einfluß – ergo tut gerade diese Gruppe alles, um jedweden großen Krieg oder andere Ereignisse zu vermeiden, welche die Menschheit dezimieren könnten.

Durch uns PSI-Akteure wissen aber alle, daß es da eine Unwägbarkeit gibt. Gemeint ist eine falsche Entscheidung von einem Mann oder einer Gruppe um einen Mann und einer Frau, die sich von zwei Typen beraten läßt. Es existieren sehr genaue Protokolle eines Ablaufs, der in der Zukunft stattfinden wird. Wer immer davon weiß, sieht die Gefahr vor Augen, daß er seinen Einfluß verlieren könnte.

Zwangsläufig ergibt sich daraus die Gefahr, daß die Mächtigen auch ihr Geld, die Vermögenswerte, verlieren können. Vermögen ist heutzutage hochgradig gefährdet; das merkt man, wenn man sich in die Vier-, Sechs- oder Acht-Augengespräche der Superreichen einschaltet.

• *Grundbesitz*, vom kleinen Mann noch in Ehren gehalten, ist in den Augen der Reichen und Mächtigen

nichts mehr wert, weil der Boden binnen Minuten ver-
seucht und unbewohnbar werden kann. Trotzdem in-
vestiert man in Grund und Boden, um seine Geschäfte
betreiben zu können, solange es geht. Dabei suchen
alle nach möglichst sicheren Gebieten.

- *Geld*, von allen Menschen heiß geliebt, gehört künftig
zu den Instrumenten der Kriegführung der wahren
Mächtigen dieser Erde. Aber anders als Otto Normal-
verbraucher es sich vorstellt, geht es hierbei nicht um
Inflation oder Erscheinungsformen des Geldverkehrs,
wie wir sie kennen. Vielmehr wird das Geld eines Staates, dessen Bevölkerung beispielsweise durch einen
Angriff auf 20 Prozent dezimiert wird, schlagartig seinen Wert verlieren. Und die derzeitige Globalisierung
vergrößert auch diese Gefahr in kontinentale Dimensionen: Was geschieht, wenn ganz Europa oder Nor-
damerika ausfällt?

Angenommen, daß die Probleme um Grundbesitz, Geld
und andere Vermögenswerte auf absehbare Zeit be-
herrschbar bleiben, dann stellt sich dem einzelnen Superreichen immer noch die Frage: Wo ist mein Vermögen,
mit dem ich operiere, in Sicherheit? Das ist die Frage, die
ihnen die größten Sorgen macht: **Wohin mit welchen
Werten**[8].

In einer der traditionsreichsten Zeitungen der Welt
gibt es seit über hundert Jahren eine Rätselecke.[9] Die Le-

---

[8] Auch das Kürzel wurde auf Wunsch des PSI-Akteurs in »WWW« geändert. Ich habe »Wohin mit welchen Werten« gewählt, weil es an das
Internet erinnert und das hier berichtete Gespräch in mir den Eindruck
erweckte, daß die Reichen und Mächtigen eine Art Internet der Vermögenswerte betreiben.
[9] Auf Wunsch des PSI-Akteurs wurden auch hier bestimmte Details ge-
tilgt.

ser sehen darin eine Tradition der täglichen Unterhaltung. Nur ganz wenige wissen, daß diese Rubrik in Wahrheit ständig Tips zum Umgang mit dem »WWW-Problem« liefert. Wie es heißt, werden in Krisenzeiten, z. B. bei Kriegen, über diese Rätselecke sogar militärische Befehle übermittelt!

Welche Methoden der Sicherung von Vermögenswerten werden zur Zeit praktiziert?

In gewöhnlichen Linienflugzeugen, die Touristen oder normale Geschäftsleute befördern, werden jeweils auch Vermögen von ein bis zwei Milliarden Dollar transportiert – und niemand ahnt, auch die Besatzung oder die Bodenmechaniker nicht, daß in diesen Flugzeugen unermeßliche Schätze mitfliegen.

Der Hintergrund dieser bizarr wirkenden Methode: In Krisenzeiten kann man das Flugzeug unauffällig zu einem bestimmten Flughafen dirigieren und dort auf dem Rollfeld oder im Hangar zur Reparatur stehen lassen. Ähnlich wird mit etlichen LKWs oder Bussen verfahren, wenngleich man diesen Vehikeln deutlich weniger Wertfracht anvertraut. Megafrachten werden auch auf Schiffen untergebracht – von kleinen Jachten bis zu riesigen Kreuzfahrtschiffen.

Wozu kann man Superkreuzfahrtschiffe in Krisenzeiten sonst noch benutzen? Sicherlich nicht nur zu humanitären Zwecken, hinter denen sich aber weitergehende Absichten trefflich verbergen lassen ...

Intergalaktische Gefahren

Bedingt durch die Jahrtausendwende in der christlichen Zeitrechnung, kommen im Kino wie in Romanen und Magazinbeiträgen mehr und mehr angsteinflößende Themen in den Vordergrund:

- Kometen, welche die Erde treffen
- Superraumschiffe, welche die Erde angreifen
- Weltuntergänge aller Art ...

Sieht man von den sektiererischen Bewegungen ab, die mit UFOs der Liebe die Guten dieser Erde abholen lassen, bevor unser Planet zerstört wird (wodurch sie vor allem die eigene Haut zu retten gedenken), dann ist seit 1996 in der PSI-Szene eines der beherrschenden Themen eine mysteriöse Plasmawolke. Ich habe das Thema anfangs immer wieder lächelnd beiseite geschoben und damit im Grunde gegen eine meiner Grundregeln verstoßen, nie etwas ungeprüft zu verwerfen.

Inzwischen gibt es zumindest einige Beschreibungen der Plasmawolke, die eher technischer Art als vagen Gefühlsduseleien entsprungen sind. Ohne vollends von der Plasmawolke überzeugt zu sein, habe ich den folgenden Bericht in dieses Buch aufgenommen, da er in der »Welt des Unmöglichen« nicht fehlen darf.

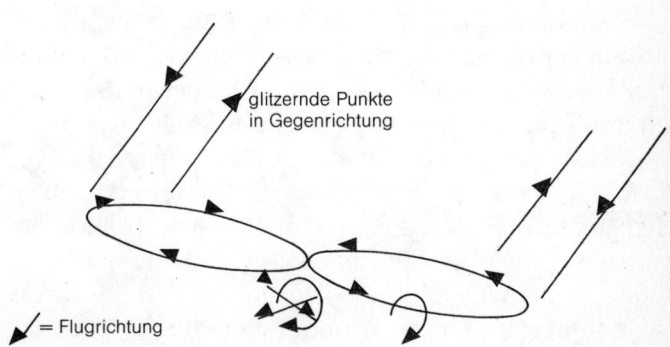

glitzernde Punkte in Gegenrichtung

= Flugrichtung

Abbildung 10: Skizze der Bewegungen der geheimnisvollen Plasmawolke.

Die Plasmawolke bewegt sich angeblich mit einer Geschwindigkeit, die dem sechsten bis achten Teil der Lichtgeschwindigkeit entspricht, auf unser Sonnensystem zu. Die Entfernung zu dem Raumabschnitt, in dem unsere Sonne steht, ist nicht zu bestimmen, denn die Wolke ist noch relativ weit weg. Wobei »relativ« heißt, daß wir heute Lebenden ihren Durchtritt nicht erleben werden.

Die Plasmawolke ist von pulsierender Art. Sie führt zwei Bewegungen aus, eine davon in sich selbst in Form einer liegenden, in sich selbst schräg vorwärts rotierenden Acht.

Geister in England

Hier noch eine kleine Gutenachtgeschichte zum Schluß – mit den besten Grüßen aus einem parapychologischen Club in London. Ein Clubmitglied berichtete eines Tages:

Jemand hatte von einem Geist erzählt, der bei einer Familie in einem kleinen Häuschen in Südengland leben sollte und sich dort sehr wohl fühle. Da ich als PSI-Akteur noch nie einen Kontakt mit einer solchen Energieform gehabt hatte, beschloß ich, mir diesen Geist einmal körperlich anzusehen, um mitreden zu können. Üblicherweise ist ja ein persönlicher Kontakt zu einem Ort des Geschehens oder zu den Menschen, mit denen etwas geschehen war, nicht erforderlich. Es ging hier mehr um einen Spritztour, von London aus unternommen, um einmal etwas anderes zu erleben.

Ich traf mich mit dem Mann, dessen Bruder diesen Geist im Hause hatte. Unsere Fahrt dauerte etwa eine Stunde. Das Ziel war somit rasch erreicht. Das fragliche Haus lag in der Nähe einer Bahnstrecke, rundherum war es waldig, mit Wiesen und dem Buschwerk, wie es in Südengland üblich ist, bedeckt. Das Haus stand nicht einsam, rundherum waren einige weitere Häuser erbaut worden. Der Eingang, vor dem wir hielten, befand sich auf der Rückseite des Hauses.

Als wir klingelten, begrüßte uns der Hausbesitzer herzlich. Wir traten ein. Links war eine Treppe, die zu den oberen Räumen führte. Sie schien mir auf einer geomantischen Verwerfung zu stehen. Rechts war ein Wohnzimmer. Einige Meter weiter führte eine Treppe in den Keller hinab.

Wir setzten uns in der relativ großen Küche an den Tisch, so daß ich in den Flur sehen konnte. Nach einigen allgemeinen einleitenden Worten fragte ich den Hausherrn ohne weitere Umschweife nach dem Hausgeist. Doch der Besitzer des Hauses blieb reserviert, und man merkte sehr wohl, daß er darüber nicht so richtig sprechen wollte. Wir beließen es dabei und redeten wieder über allgemeine Dinge.

Im Flur, das hatten wir schon beim Eintreten gesehen, lagen einige Spielzeuge, ebenso im Wohnzimmer. Die Familie hatte also Kinder, hatte ich schon vorhin gefolgert, denn ein wenig fühlte ich mich wie Sherlock Homes.

Nach einiger Zeit der höflichen Konversation sah ich ein junges Mädchen, das von der Treppe ins Wohnzimmer ging.

»Sind Kinder im Haus?« fragte ich, plötzlich beunruhigt.

»Nein, außer uns ist niemand hier«, antwortete der Hausbesitzer.

Ich sah seinen Bruder, meinen Begleiter aus London, stumm an. Ich habe gesehen, was du gesehen hast, das Kind war wirklich da, signalisierte er.

Der Hausbesitzer sagte immer noch nichts. Es verging kaum eine Minute, als eines der Spielzeugautos im Flur hin und her fuhr, ohne daß jemand zu sehen war. Es fuhr in Kurven und hielt nahe der Küchentür. Wie konnte ein Auto, das keinen Antrieb hatte, von allein fahren, und was steckte dahinter, wenn nicht ein Geist? Wieder war das Mädchen zu sehen. Es ging vom Wohnzimmer über den Flur bis zur Treppe und verschwand. Kein Laut war zu hören.

»Erzähl mir von dem Mädchen«, wandte ich mich an den Bruder.

»Ich weiß nichts darüber«, antwortete er. »Abgesehen von der Tatsache, daß in diesem Haus eine alte Dame gelebt hat und hier auch gestorben sein soll. Mehr wissen wir nicht.«

»Das Mädchen ist nicht real«, meinte ich. »Haben Sie jemals Probleme mit Ihrem Hausgeist gehabt?« fragte ich weiter, mich nun wieder direkt an den Hausherrn wendend, denn so etwas hatte ich bisher noch nicht erlebt.

»Nein, es gab eigentlich nie Probleme«, antwortete er widerwillig. »Unser Hausgeist (oder was immer Sie darin sehen wollen) und wir leben harmonisch zusammen.«

»Ist Ihnen irgend etwas aufgefallen, gab es etwas im Haus, das nicht normal war?« fragte ich.

»Unsere Katze hat ein Problem mit der Kellertreppe«, sagte er mürrisch, »sonst nichts.«

»Was für ein Problem?« bohrte ich weiter. Ich mußte ihm jedes Wort aus der Nase ziehen. Er war sehr verschlossen, was seinen Hausgeist anging, ja geradezu ärgerlich, daß sein Bruder mich mitgebracht hatte. Anscheinend war ihm diese Situation peinlich oder ungeheuerlich. Mir hingegen machte die Anwesenheit eines

Hausgeistes keinerlei Schwierigkeiten. Warum sollte es keine Geister geben? Mich störte der Gedanke überhaupt nicht, zumal ich es gewohnt war, mit Dingen konfrontiert zu werden, die außerhalb der normalen menschlichen Denkweise lagen.

»Wenn die Katze in den Keller geht«, antwortete er, »macht sie am Fuße der Treppe Kratzbewegungen, als wäre dort etwas vergraben, unter dem Beton.«

Spontan will man natürlich sofort nachsehen, wenn man so etwas hört. In der Praxis sieht es allerdings anders aus. Klopfen Sie mal den Beton in Ihrem Keller auf, nur weil eine Katze dort immer kratzt. Dann bekommen Sie Ärger mit Ihrer Familie, weil der Staub durch das ganze Haus zieht. Ein findiger Kopf würde vielleicht auch sagen, da ist vor Jahren eine Flasche mit Baldrian am Boden zerschellt ... daher die Katzenreaktion. Auf jeden Fall gab es genug Einwände, die gegen das Aufklopfen des Bodens sprachen.

»Hand aufs Herz«, fragte mich der Hausherr, »würden Sie den Beton aufklopfen?«

»Nein«, sagte ich, »es gibt ja auch keinen erkennbaren Zusammenhang mit dem Hausgeist.« Da haben wir ja ganz andere Möglichkeiten, dachte ich, wenn wir mit meinem PSI-Talent das Vorkommnis untersuchen.

Da ich nun einmal in dem Haus mit diesem real nicht existierende Mädchen war, interessierte mich die Sache immer stärker. Zumindest wollte ich nun die Stelle sehen, wo die Katze immer kratzte.

Der Hausherr führte mich also, wenngleich immer noch widerwillig, in den Keller. Am Fuß der Treppe war deutlich zu sehen, daß dort einmal der Fußboden geöffnet worden war. Er schien ausgegossen zu sein und unterschied sich farblich von seiner Umgebung. Nichts deutete jedoch auf besondere Vorkommnisse hin. Die Ausbesserung zog sich unter den letzten Stufen bis zu einer Seite im Kellermauerwerk. In dem Keller roch es wie in jedem leicht feuchten Gewölbe Englands: ein wenig modrig. Nachdem wir die Treppe inspiziert hatten, gingen wir wieder in die Küche.

»Gibt es nichts Außergewöhnliches zu erzählen?« fragte ich. »Irgend etwas muß doch hin und wieder hier passieren.« Inzwischen hatte ich die Lösung vor Augen, wollte sie dem Bewohner des Hauses aber verschweigen, denn was ich voraussah, war fürchterlich.

»Außer daß sich hier Dinge bewegen und Türen sich öffnen oder schließen, ist niemals etwas Außergewöhnliches passiert«, sagte er.

Die PSI-mäßige Untersuchung ergab, daß dieses Haus auf allen erdenklichen ungünstigen Kreuzungen von Erdstrahlen stand. Kein Mord, kein ungeklärter Todesfall … nichts.

Wir verließen unseren Gastgeber und fuhren heimwärts.

Einige Zeit später übernachtete ich in einem alten Bauernhaus. Es war genau wie jenes Haus von sehr alten Bäumen umgeben. Erneut sah ich das Mädchen. Ihre Gestalt war stark transparent, dennoch konnte ich nicht direkt durch sie hindurch sehen. Die Gegenstände hinter ihr waren noch dünn sichtbar. Ich mußte sofort an das Erlebnis mit dem Hausgeist denken.

Hier kamen offensichtlich verschiedene PSI-Effekte zusammen: die Störzonen in der Erde, die Kraft der alten Bäume und der psychische Wunsch des Hausherrn nach Kindern, besonders nach einer Tochter.

Eine übersinnliche Wunscherfüllung – das war des Rätsels wahrscheinlichste Lösung, die unter geomantischen Ausnahmebedingungen zustande gekommen war.

Register

A

Ank-Djed-Gebilde 66–71
Ank-Kreuz 66
»anpeilen« 113
Archäologie 54–61
Area 51 101–108
Armana 59
astral 122, 124, 127
Australien 72

B

Barcelona 83
Blindsein 30 ff.
Broker 88

C

Computertechnik 136

D

da Vinci, Leonardo 136
Delphine 32 ff., 77, 79,
83 f.
Diplomatie 99 f.
»Dunkelinformatio-
nen« 112

E

Echnaton 59 f.

F

Farbverschiebungen 34 f.
Franz von Assisi 166
Führungsofffizier 108, 110

G

Gates, Bill 156
»Gedankenbahn« 128
Gefahren 23–30
– intergalaktische
178–180
Geheimpläne 172–178
Gehirnforschung 137
Geister 180–184
Geld 177
Gentechnisches Labor
72 ff.
Gaddhafi 174
Gizeh 58, 68
Grenzen des Universums
118 ff.
Grundbesitz 176
Grundregeln 167

H

Homöopathie 139–141
Hörbehinderung 30, 36

I

IQ-Test 31 f.
»Informationen ziehen«
109

J

Justierung 119, 157 f., 160,
163 f.

K

Kairo 55, 61, 66
Kongresse 113–115

M

Massensuggestion 171
mental 122 f., 125,
129
militärische Einsätze
100–113

N

Naturschauspiel 86 f.
Neutrinos 21 f.
Nofretete 59

O

Orwell, George 172

P

Palmblatt-Bibliotheken 16
Personenschutz 48–54
Personensuche 76–88
»Position aufrufen« 51
PSI-Funktion (Definition)
19
PSI-Lotse 141–152
PSI-Kräfte (Definition)
20 ff.
PSI-Team 117 ff.
Pyramiden 55 ff., 68

R

Risiken 23–30

S

Schmerzreaktionen 138
Schöpfung 13, 22, 26 ff.,
30
Schwarzes Loch 131
Segeltour 141–152
Selbsttest 153–170
»sich in einen anderen
Menschen hineinver-
setzen« 78
Spionage 108–112

T

Tarnkappenflugzeuge
   104 ff., 107
Teamwork 117 ff.
Telepathische Sprachüber-
   tragung 135
Testvarianten 166
Tips 168–170
Turbine 66–71
Turmbau zu Babel 68 ff.

U

Urknall 121, 126, 131

W

Waffentechnik 108
Wale 31 ff., 79, 85
Wassertropfen 129 ff.
»Weg der Personen« 83
Weltall 119–131
Wirtschaftsspionage
   108
Wirtschaftskriminalität
   88–99

Z

Zeitblase 125 f.

Die Zukunft in Gefahr

Iain Banks
Die Spur der toten Sonne
Roman
559 Seiten. Gebunden
ISBN 3-453-12901-1

Vor zweieinhalb Jahrtausenden tauchte in einem entlegenen
Sektor des Raums eine riesige schwarze Kugel auf, die eine uralte
Sonne umkreiste. Messungen ergaben, daß dieses Gestirn über
tausend Milliarden Jahre alt sein mußte, also mindestens
fünfzigmal älter war als unser bekanntes Universum.
Ein fulminanter Roman, der bis an die Grenzen des sprachlich
Ausdrückbaren vorstößt.

HEYNE

Mythologie
der Völker

Herbert Gottschalk
Lexikon der Mythologie
19/266

Murry Hope
**Magie und Mythologie
der Kelten**
*Das rätselhafte Erbe
einer Kultur*
19/81

John und Caitlín Matthews
**Lexikon der keltischen
Mythologie**
19/280

Jan Knappert
**Lexikon der afrikanischen
Mythologie**
19/338

19/338

Heyne-Taschenbücher

HEYNE BÜCHER

TERRA-X

*Expeditionen ins
Unbekannte*

Gottfried Kirchner
**Terra-X
Vulkane, Wüsten und Ruinen**
19/392

Gottfried Kirchner
**Terra-X
Schatzsucher, Ritter
und Vampire**
19/468

Im Hardcover:

Gottfried Kirchner (Hrsg.)
**Terra-X
Von Mallorca zum Ayers Rock**
40/354

19/468

H e y n e - T a s c h e n b ü c h e r

AKTE X

Michael White
Die Wissenschaft der Akte X
*Beweise für die Realität des
Unerklärbaren*
01/11506

Ted Edward
Entschlüsselt
*Ein Streifzug durch das Archiv
der Akte X*
01/10252

01/10252

Jörg Alberts
Roland Hepp / Kai Krick
**»Sagen Sie, Scully…?«
Das große
Akte-X-Quizbuch**
*2.000 fesselnde Fragen für
Fans des Unerklärlichen*
01/10253

Marc Shapiro
**Gillian Anderson –
Die Akte Scully**
*Facts und Fiction über die
Frau der 90er*
01/11519

Chris Nickson
**David Duchovny –
Der X-Faktor**
*Facts und Fiction über den
Star der 90er*
01/11514

N.E. Genge
Akte X – Wie es wirklich war
*Die wahren Hintergründe der
unheimlichen Fälle von Scully
und Mulder*
01/10251

N.E. Genge
Die Wahrheit über Akte X
*Geheimnisse, Verschwörungen,
Hintergründe*
01/9866

Heyne-Taschenbücher